POEMS I WISH I'D WRITTEN
Translations from the Irish

Poems I Wish I'd Written
Translations from the Irish

Gabriel Fitzmaurice

Cló Iar-Chonnachta
Indreabhán, Conamara

An Chéad Chló 1996
© Cló Iar-Chonnachta 1996

ISBN 1900693 14 3

Cover Picture
"Muiríoch" – an oil painting
by Brenda Fitzmaurice

Cover Design
Johan Hofsteenge

Dearadh
Foireann CIC

Faigheann Cló Iar-Chonnachta Teo. cabhair airgid ón g**Comhairle Ealaíon**

Clóchur: Cló Iar-Chonnacta Teo., Indreabhán, Conamara
   Fón: 091-593307   Facs: 091-593362
Priontáil: Clódóirí Lurgan Teo., Indreabhán, Conamara
   Fón: 091-593251/593137

To Declan and Beth Kiberd

ACKNOWLEDGEMENTS

Acknowledgements are due to the following where several of these translations have previously been published:

The Village Sings (Cló Iar-Chonnachta, Peterloo Poets, Cornwall, Story Line Press, Oregon 1996)
The Yellow Bittern, The Spailpín Fánach, Cill Aodáin, I am Raftery, Mary Most Grace-full

An Crann Faoi Bhláth/The Flowering Tree (Wolfhound Press, Dublin 1991; 1995)
Forgive me, The Dignity of Grief, A Change, Local Music, My Mother's Burial, Brown Eyes, Christmas Eve, Entanglement, Vietnam Love Song, Captivity, Entreaty, The Purge (extracts), Television, Billy Holiday, Poker, For Bobby Sands on the Day before he Died, Morning Prayer, A Revisiting

Irish Poetry Now: Other Voices (Wolfhound Press, 1993)
Now, Mountain

An Bealach 'na Bhaile/Homecoming (Cló Iar-Chonnachta, 1993)
The Well, On Such a Day, A Portrait of the Blacksmith as a Young Artist, There's Nothing, High Street, Kensington, 6 p.m., Here at Caiseal na gCorr Station, Winter Nights, Sheepman, A Braddy Cow, My Blackhaired Love, Wandering the Mountainside

Acknowledgement is due to Rita E. Kelly for permission to reprint *Bóithre Bána* by Eoghan Ó Tuairisc; to **An Clóchomhar** for the Ó Direáin poems; to Máire Mhac an tSaoi for *Oíche Nollag*; to Cathal Ó Luain for the Caitlín Maude poems; to the **Gallery Press** for *An Phurgóid* from *A Necklace of Wrens* (1987); to Gabriel Rosenstock for his poems from *Rogha Dánta & Oráistí*, (Cló Iar-Chonnachta); to Michael Davitt for his poems; to Áine Ní Ghlinn for *Athchuairt* and to Sairséal Ó Marcaigh for the Ó Ríordáin poems.
Thanks to **Beaver Row Press** who first published *The Purge* in my translation.

CONTENTS

PREFACE

I have been translating poems from the Irish for nearly twenty five years. When I started writing my first poems in English, I was writing in a vacuum: I had nobody to show my poems to. However, I continued writing 'from the closet'. Once or twice, I was taken enough by a poem in Irish that I attempted to translate it. My method was invariably to make a version of my own which corresponded in thought and feeling to the original, but not always in form or sequence. These are the best poems of my prentice period. (I have included none of these in this selection.) Later, as I moved among poets and writers, I found a very good friend and critic in Michael Hartnett. I would go to Newcastlewest every weekend (sometimes more frequently) and Michael and I would drink, discuss poetry, the Irish language, what we were reading (and writing). I used to show my poems to Michael. (I was writing solely in English then). We would discuss them – he was a very astute, even harsh, critic. He was vicious with a red biro! But he was a great teacher, and I benefitted much from his pruning. Invariably, we got around to the subject of translation. All I knew was that I read an original text and then went off and made a sympathetic version. Michael set me a task: would I translate his *An Phurgóid*? – all four-hundred-plus lines, in rhyming couplets and in tetrameter! I set about translating it, preserving its rhyme scheme, meter and sense. It came out well. When Michael read it, he observed: "The trouble with this translation is that people will attribute my poem to you." Beaver Row Press published the translation in full in 1989.

Meanwhile, Liam Miller of the Dolmen Press and I discussed a volume of contemporary verse in Irish with English translations which was eventually published in 1991 by Wolfhound Press (Liam Miller having died, and, with him, his Dolmen Press). I had thought about translating all the poems myself but decided against – as (a) it would impose one (i.e. my) voice on the entire volume, and (b) I like to translate a certain kind of poem and would not do justice to poems I wasn't comfortable with. So I translated about one third of the volume, and gave the rest to other poets to translate. (In some cases, the original authors agreed to translate themselves into English.) The anthology, *An Crann Faoi Bhláth/The Flowering Tree* (which I edited with Declan Kiberd), was a huge success. It was described in the Irish Times as the "best-edited and most critically authoritative anthology of contemporary poetry in Irish" and has since been reprinted.

Shortly afterwards, Micheál Ó Conghaile of Cló Iar-Chonnachta invited me to translate a selection of Cathal Ó Searcaigh's work. I agreed on the same conditions as *An Crann Faoi Bhláth*, that I would translate roughly half the book, and farm out the rest to other poets. The volume *Homecoming/An Bealach 'na Bhaile* was published in 1993, was much admired and has been reprinted.

But, apart from this commissioned work, there were a number of poems I had learned in school which kept surfacing and resurfacing in my mind. Poems, it must be said, which I found difficult in National and Secondary school; poems I had sworn at, poems I had cursed as I learned them. Poems, once learned, that stayed. And so I faced the challenge of *An Bonnán Buí*, *An Spailpín Fánach* and the rest, and set myself the task of repossessing them, sound and sense, in English.

14

Translation is, for me, a way of saying things I wouldn't otherwise have said, a conversation with other poets, a homage to a language I love. There is no such thing as a pure translation – little bits of the translator keep creeping in; different words have different meanings, or shades of meaning, in different languages and so the translation is the child of the original and the translator. Ideally it incorporates the best features of both. I leave it to you, dear reader, to judge if I have succeeded.

I have made a few alterations since these translations were first published – a word here, a line there, occasionally an entire stanza (all in the service of sound and sense). These are the versions I wish to preserve.

Gabriel Fitzmaurice
Moyvane
Co. Kerry

AN BONNÁN BUÍ

Cathal Buí Mac Giolla Ghunna

A bhonnáin bhuí, 'sé mo léan do luí
    is do chnámha sínte tar éis do ghrinn;
is chan easpa bídh ach díobháil dí
    a d'fhág i do luí tú ar chúl do chinn.
Is measa liom féin ná scrios na Traí
    tú bheith 'do luí ar leaca lom',
's nach ndearna tú díth ná dolaidh sa tír
    's nárbh fhearr leat fíon ná uisce poll.

A bhonnáin álainn, 'sé mo mhíle crá tú
    'do chúl ar lár amuigh romham sa tslí,
's gurbh iomaí lá a chluininn do ghrág
    ar an láib is tú ag ól na dí.
'Sé an ní a deir cách le do dheartháir Cathal
    go bhfaighidh sé bás mar siúd, más fíor;
ach ní amhlaidh atá, siúd an préachán breá
    chuaigh in éag ar ball le díth na dí.

A bhonnáin óig, 'sé mo mhíle brón
    tú bheith sínte fuar i measc na dtom,
's na lucha móra ag triall 'un do thórraimh
    le beith ag déanamh spóirt agus pléisiúir ann;
's dá gcuirtheá scéala faoi mo dhéinse
    go raibh tú i ngéibheann nó i mbroid, gan bhrí
do bhrisfinn béim duit ar an loch sin Bhéasaigh
    A fhliuchfadh do bhéal is do chorp istigh.

Chan iad bhur n-éanlaith atá mé ag éagnach
    an lon, an smaolach, nó an chorr ghlas,
ach mo bhonnán buí a bhí lán den chroí,
    's gur chosúil liom féin é i nós is i ndath.
Bhíodh sé go síoraí ag ól na dí,
    is deirtear go mbímse mar sin seal;

THE YELLOW BITTERN

Bitter, bird, it is to see
After all your spree, your bones stretched, dead;
Not hunger – No! by thirst laid low,
Flattened here on the back of your head.
It's worse than the ruin of Troy to me
To see you stretched among bare rock
Who never did harm nor treachery
Preferring water to finest hock.

My lovely bird, I sorely grieve
To see you stretched beside my path
Where you would swill and drink your fill
And from the puddle I'd hear your rasp.
Everyone warns your brother Cathal
That the drink will kill him, to stop and think:
But that's not so – observe this crow
Lately dead for want of drink.

My youthful bird, I'm so depressed
To see you stretched among the gorse
And the rats assembling for your waking
To sport and pleasure by your corpse.
And if you'd only sent a message
That you were in a fix, and dry,
I'd have split the ice upon Lake Vesey,
You'd have wet your mouth and your craw inside.

It's not for these birds that I'm mourning,
The blackbird, songthrush or the crane
But my yellow bittern, a hearty fellow,
Like me in colour, habit, name.
He was ever drinking, drinking
And so am I (they say I'm cursed) –

níl aon deor dá bhfaighinnse nach ligfinn síos
     ar eagla go bhfaighinnse bás den tart.

'S é d'iarr mo stór orm ligint den ól
     nó nach mbeinnse beo ach seal beag gearr;
ach dúirt mé léi gur thug sí an bhréag
     's gurbh fhaide mo shaolsa an deoch úd d'fháil.
Nach bhfeiceann sibh éan an phíobáin réidh
     A chuaigh d'éag den tart ar ball;
's a chomharsana cléibh, fliuchaigh bhur mbéal
     óir chan fhaigheann sibh braon i ndiaidh bhur mbáis.

There's no drop I'm offered that I won't scoff
For fear that I might die of thirst.

"Give up the booze," my darling begs me,
" 'Twill be your death." Not so I think;
I correct my dear's delusion –
I'll live longer the more I'll drink.
Look at this smooth-throated tippler
Dead from drought beside me here –
Good neighbours all, come wet your whistles
For in the grave you'll drink no beer.

CILL CHAIS

Cad a dhéanfaimid feasta gan adhmad?
Tá deireadh na gcoillte ar lár.
Níl trácht ar Chill Chais ná a teaghlach,
Is ní chluinfear a cling go brách –
An áit úd ina gcónaíodh an dea-bhean
Fuair gradam is meidhir thar mhná;
Bhíodh iarlaí ag tarraing thar toinn ann
Is an tAifreann binn dá rá.

Ní chluinim fuaim lachan ná gé ann,
Ná fiolar ag éamh cois cuain,
Ná fiú na beacha chun saothair
Thabharfadh mil agus céir don tslua.
Níl ceol binn milis na n-éan ann
le hamharc an lae dul uainn,
Ná an cuaichín ar bharra na ngéag ann –
Ó is í chuirfeadh an saol chun suain.

Tá ceo ag titim ar chraobha ann
Ná glanann le gréin ná lá;
Tá smúit ag titim ón spéir ann,
Is a cuid uisce go léir ag trá.
Níl coll, níl cuileann, níl caor ann,
Ach clocha is maolchlocháin.
Páirc na foraoise gan chraobh ann,
Is d'imigh a géim chun fáin.

Anois, mar bharr ar gach mí-ghreann,
Chuaigh prionsa na nGael thar sáil'
Anonn le hainnir na míne
Fuair gradam sa bhFrainc is sa Spáinn.
Anois tá a cuallacht dá caoineadh,
Gheibheadh airgead buí agus bán,
Is í ná tógfadh seilbh na ndaoine,
Ach cara na bhfíor mbochtán.

CILL CHAIS

What shall we do now for timber?
The last of the woods is laid low:
There's no talk of Cill Chais or its household –
We'll hear its bell ringing no more.
The place where dwelled the good lady,
For joy and honour renowned,
To where Earls would sail o'er the ocean
And the Mass would sweetly resound.

I hear now no duck or no goose there,
Nor over the bay the sad call
Of the eagle; no honey bees buzz there
Bringing honey and wax to us all.
No sweet song of birds is now heard there
As we watch the silent night creep
Nor the cuckoo on top of the branches
Soothing the world to sleep.

A mist descends on the boughs there
That clears for no sunshine or day,
A gloom from the sky is descending
And the waters are ebbing away.
No hazel, no holly, no berry
But stones, only bare heaps of stone,
Not a branch in the field of the forest
And the game is all scattered and gone.

And now to top our misfortune,
The prince of the Gael sailed away
Overseas with that mildest of maidens
Who found honour in France and in Spain.
Now her company's keening
Their lady who shared out her purse,
Who never evicted the people,
Friend of the poverty-cursed.

21

Aicim ar Mhuire is ar Íosa
  Go dtaga sí arís chugainn slán,
Go mbí rincí fada ag gabháil timpeall,
  Ceol veidhlín is tinte cnámh;
Go dtógtar an baile seo ár sinsear
  Cill Chais bhreá arís go hard,
Is go brách nó go dtiocfaidh an díleann
  Ná feicfear í arís ar lár!

I call upon Mary and Jesus
She'll return home safe once again,
That we'll circle once more in long dances
To fiddles 'round bonfires. And then
That Cill Chais will again be erected
That our forefathers built long ago,
And till doom or returns the Deluge
She'll never again be laid low.

AN SPAILPÍN FÁNACH

Ó Brosnacháin?

Go deo deo arís ní raghad go Caiseal
ag díol ná ag reic mo shláinte,
ná ar mhargadh na saoire i mo shuí cois balla
i mo scaoinse ar leataobh sráide –
bodairí na tíre ag tíocht ar a gcapaill
á fhiafraí an bhfuilim hírálta:
Ó! Téanam chun siúil, tá an cúrsa fada;
seo ar siúl an Spailpín Fánach.

I mo Spailpín Fánach fágadh mise
ag seasamh ar mo shláinte,
ag siúl an drúchta go moch ar maidin,
is ag bailiú galair ráithe.
Ní fheicfear corrán i mo láimh chun bainte
súiste ná feac beag rámhainne,
ach bratach na Fraince os cionn mo leapa,
agus píce agam chun sáite.

Go Callainn nuair a théim is mo *hook* i mo ghlac,
is mé ansiúd i dtosach gearrtha,
is nuair a théim go Dúilinn, is é liú bhíonn acu:
"Seo chugainn an Spailpín Fánach!"
Ach cruinneoidh mé ciall is triallfad abhaile,
is cloífead seal le mo mháithrín,
is go brách arís ní ghlaofar m'ainm
sa tír seo, "An Spailpín Fánach."

Mo chúig chéad slán chun dúiche m'athar,
is chun an Oileáin ghrámhair,
is chun buachaillí na Cúlach, os dóibh nár mhiste
in aimsir chasta an gharda.
Ach anois ó táim i mo thráill bhocht dealbh
i measc na ndúichí fáin seo,

24

THE SPAILPÍN FÁNACH

Never more will I go to Cashel
To pawn or wreck my health,
Nor back the wall at the Hiring Fair
Hanging 'round for the deal to be dealt –
Bigwigs of farmers on their high horses
Hiring the broad and the brawny:
Oh! It's off we must go though the journey be far;
Here's off with the *Spailpín Fánach*.

A *Spailpín Fánach* I was left,
Depending on my vigour,
To walk the early morning dew
Contracting three-month shivers.
No sickle in my hand to reap,
No flail, no spade I'll handle,
But France's colours o'er my bed
And a pike there, too, for battle.

When in Callan with hook in hand,
I'm head of all the mowing,
In Dúilinn "Here's the *Spailpín*"
I hear the locals crowing;
But I'll get sense and head for home,
Spend time with Mom, the darling,
And never more will I be called
By my own "The *Spailpín Fánach*".

Farewell, farewell, my father's land,
Sweet Castleisland too,
To the blades of Cool who'll stand on guard
When times require them to.
But now in places foreign to me,
These regions I am thrall in,

is é cumha mo chroí mar fuair mé an ghairm
bheith riamh i mo *Spailpín Fánach.*

Is ró-bhreá is cuimhin liom mo mhuintir sealad
thiar ag Droichead Gáile,
Faoi bha, faoi chaoire, faoi laonna geala,
agus capaill ann le háireamh.
Ach b'é toil Chríost gur cuireadh sinn astu
is go ndeachamar i leith ár sláinte,
is gurb é bhris mo chroí i ngach tír dá dtagainn:
"Call here, you Spailpín Fánach."

Dá dtagadh an Francach anall thar caladh
is a chamtha daingean láidir,
agus Bóic Ó Gráda chugainn abhaile
is Tadhg bocht fial Ó Dálaigh,
bheadh *barracks* an rí go léir dá leagan,
is *yeomen* againn dá gcarnadh,
Clanna Gael ansin gach am á dtreascairt –
sin cabhair ag an *Spailpín Fánach.*

I rue the day that I set out
To roam, a *Spailpín Fánach.*

How well I mind my people
Who at Gale Bridge once counted
Their cattle, sheep, white sucky calves,
Whose horses there were mounted;
But evicted, 'twas Christ's will,
We left, our health we hawked-in –
It breaks my heart whene'er I hear
"Call here, you *Spailpín Fánach.*"

If the French were coming o'er the sea,
And their bold regiments sailing,
And the Buck O' Grady safely home
And poor, kind Tadhg O'Daly,
We'd raze the Barracks of the King
And yeomen, too, we'd slaughter:
Yes! Irishmen would lay them low –
That'd help the *Spailpín Fánach.*

Spailpín Fánach: a wandering agricultural labourer
(pronounce *Spalpeen Fawn-uck*)

CILL AODÁIN

Antoine Ó Reachtabhra

Anois teacht an Earraigh beidh an lá dul chun síneadh,
    Is tar éis na Féil' Bríde ardóidh mé mo sheol,
Ó chuir mé i mo cheann é ní stopfaidh mé choíche
    Go seasfaidh mé thíos i lár Chontae Mhaigh Eo.
I gClár Chlainne Mhuiris bheas mé an chéad oíche,
    Is i mBalla taobh thíos de thosóchas mé ag ól,
Go Coillte Mach rachad go ndéanfad cuairt mhíosa ann
    I bhfogas dhá mhíle do Bhéal an Átha Mhóir.

Ó fágaim le huacht é go n-éiríonn mo chroíse,
    Mar éiríos an ghaoth nó mar scaipeas an ceo
Nuair smuainím ar Chearra nó ar Bhalla taobh thíos de
    Ar Sceathach a' Mhíle nó ar phlána Mhaigh Eo.
Cill Aodáin an baile a bhfásann gach ní ann,
    Tá sméara, sú chraobh ann is meas ar gach sórt,
Is dá mbeinnse im sheasamh i gceartlár mo dhaoine
    D'imeodh an aois díom is bheinn arís óg.

CILL AODÁIN

Now Spring is upon us, the days will be stretching,
And after *The Biddy*, I'll hoist up and go;
Since I've decided, there'll be no returning
Till I stand in the middle of County Mayo.
In the town of Claremorris I'll spend the first evening,
And in Balla below it, the first drinks will flow,
Then to Kiltimagh travel to spend a whole month there
Barely two miles from Ballinamore.

I set down forever that my spirit rises
Like fog as it scatters, as wind starts to blow
When I'm thinking of Carra or Balla below it,
Or Scahaveela or the plain of Mayo.
Cill Aodáin the fertile, where all fruits are growing –
Blackberries, raspberries, full-fruited each one,
And if I were standing among my own people
The years they would leave me, again I'd be young.

The Biddy: Saint Brigid's Day, the first day of Spring.
Cill Aodáin: (pronounce *Kill Ay-dawn*) the poet's place of
birth.

MISE RAIFTERÍ
Antoine Ó Reachtabhra

Mise Raifterí an file,
    Lán dóchais is grá,
Le súile gan solas,
    Le ciúineas gan chrá.

Dul siar ar m'aistear
    le solas mo chroí,
Fann agus tuirseach
    Go deireadh mo shlí.

Féach anois mé
    Is mo chúl le balla
Ag seinm cheoil
    Do phócaí folamh'!

I AM RAFTERY

I am Raftery the poet
Of hope and love,
With eyes without light
Calm, untroubled.

In the light of my heart
Retracing my way,
Worn and weary
To the end of my days.

Look at me now,
My back to a wall,
Playing music
For empty pockets.

A MHUIRE NA nGRÁS

A Mhuire na nGrás,
    A Mháthair Mhic Dé,
Go gcuire tú
    Ar mo leas mé.

Go sábhála tú mé,
    Ar gach uile olc;
Go sábhála tú mé
    Idir anam is corp.

Go sábhála tú mé
    Ar muir is ar tír;
Go sábhála tú mé
    Ar leic na bpian.

Garda na n-aingeal
    Os mo chionn;
Dia romham,
    Agus Dia liom.

MARY MOST GRACE-FULL

Mary most grace-full,
mother of Christ,
guard me and guide me
all of my life.

Keep me, I beg you,
from each evil role;
save, I beseech you,
my body and soul.

Guard me from ocean,
on dry land as well;
keep me, my mother,
safe from hell.

Above me, guardian
Seraphim;
God before me,
God within.

MAITH DHOM
Máirtín Ó Direáin

I m'aonar dom aréir,
I mo shuí cois mara,
An spéir ar ghannchuid néal
Is muir is tír faoi chalm,
Do chumraíocht ríonda
A scáiligh ar scáileán m'aigne
Cé loinnir deiridh mo ghrá duit
Gur shíleas bheith in éag le fada.

Ghlaos d'ainm go ceanúil
Mar ba ghnách liomsa tamall,
Is tháinig scread scáfar
Ó éan uaigneach cladaigh;
Maith dhom murarbh áil leat
Fiú do scáil dhil i m'aice,
Ach bhí an spéir ar ghannchuid néal
Is muir is tír faoi chalm.

FORGIVE ME

Alone last night
And sitting on the strand,
The sky was sparse of cloud
And sea and land becalmed;
Your queenly form
Shadowed the screen of my mind,
This last flicker of my love for you
That I thought was dead a long time.

I fondly called your name
As I used to once,
And heard only the frightened screech
Of a lonely shorebird;
Forgive me if you did not wish
Even your dear shadow at my hand,
But the sky was sparse of cloud
And sea and land becalmed.

DÍNIT AN BHRÓIN
Máirtín Ó Direáin

Nochtaíodh domsa tráth
Dínit mhór an bhróin,
Ar fheiceáil dom beirt bhan
Ag siúl amach ó shlua
I bhfeisteas caointe dubh
Gan focal astu beirt:
D'imigh an dínit leo
Ón slua callánach mór.

Bhí freastalán istigh
Ó línéar ar an ród,
Fuadar faoi gach n-aon,
Gleo ann is caint ard;
Ach an bheirt a bhí ina dtost,
A shiúil amach leo féin
I bhfeisteas caointe dubh,
D'imigh an dínit leo.

THE DIGNITY OF GRIEF

Grief's great dignity
Was revealed to me once,
On seeing two women
Emerging from a crowd
In black mourning
Each without a word:
Dignity left with them
From the large and clamorous throng.

A tender was in
From a liner in the roads,
And everyone was rushing,
There was tumult and loud talk;
But the pair who were silent
Who walked out on their own
In black mourning
Left with dignity.

MALAIRT
Seán Ó Ríordáin

'Gaibh i leith,' arsa Turnbull, 'go bhfeice tú an brón
I súilibh an chapaill,
Dá mbeadh crúba chomh mór leo sin fútsa bheadh brón
Id shúilibh chomh maith leis.'

Agus b'fhollas gur thuig sé chomh maith sin an brón
I súilibh an chapaill,
Is gur mhachnaigh chomh cruaidh sin gur tomadh é fá
    dheoidh
In aigne an chapaill.

D'fhéachas ar an gcapall go bhfeicinn an brón
'Na shúilibh ag seasamh,
Do chonac súile Turnbull ag féachaint im threo
As cloigeann an chapaill.

D'fhéachas ar Turnbull is d'fhéachas air fá dhó
Is do chonac ar a leacain
Na súile rómhóra a bhí balbh le brón –
Súile an chapaill.

A CHANGE

"Come over," said Turnbull, "and look at the sorrow
In the horse's eyes.
If you had hooves like those under you,
There would be sorrow in your eyes."

And 'twas plain that he knew the sorrow so well
In the horse's eyes,
And he wondered so deeply that he dived in the end
Into the horse's mind.

I looked at the horse then that I might see
The sorrow in his eyes,
And Turnbull's eyes were looking at me
From the horse's mind.

I looked at Turnbull and looked once again
And there in Turnbull's head –
Not Turnbull's eyes, but, dumb with grief,
Were the horse's eyes instead.

CEOL CEANTAIR
Seán Ó Ríordáin

Chuala sé an ceol i gcainteanna Dhún Chaoin,
Ní hiad na focail ach an fonn
A ghabhann trí bhlas is fuaimeanna na Mumhan,
An ceol a chloiseann an strainséir;
Ceol ceantair
Ná cloiseann lucht a labhartha,
Ceol nár chualasa riamh,
Toisc a ghiorracht dom is bhí
Is mé bheith ar adhastar ag an mbrí.

Ceol a chloistear fós sa Mhumhain,
Fiú in áiteanna 'nar tréigeadh an chanúint.

LOCAL MUSIC

He heard the lilt in the language of Dún Chaoin,
Not the lyrics but the air
That goes through the sounds and flow of Munster,
The music the stranger hears;
A local music
That its speakers do not hear,
A music I never heard
Because I was so near
And I in harness to the sense;

A music you will hear in Munster yet
Even where they've abandoned dialect.

SÚILE DONNA

Seán Ó Ríordáin

Is léi na súile donna so
A chím i bplaosc a mic,
Ba theangmháil le háilleacht é
A súile a thuirlingt ort;

Ba theangmháil phribhléideach é
Lena meabhair is lena corp,
Is míle bliain ba ghearr leat é,
Is iad ag féachaint ort.

Na súile sin gurbh ise iad,
Is ait liom iad aige,
Is náir liom aghaidh a thabhairt uirthi,
Ó tharla sí i bhfear.

Nuair a b'ionann iad is ise dhom,
Is beag a shíleas-sa
Go bhfireannódh na súile sin
A labhradh baineann liom

Cá bhfaighfí údar mearbhaill
Ba mheasa ná é seo?
An gcaithfeam malairt agallaimh
A chleachtadh leo anois?

Ní hí is túisce a bhreathnaigh leo,
Ach an oiread lena mac,
Ná ní hé an duine deireanach
A chaithfidh iad dar liom.

Ab shin a bhfuil de shíoraíocht ann,
Go maireann smut dár mblas,
Trí bhaineannú is fireannú,
Ón máthair go dtí an mac?

BROWN EYES

These brown eyes I see are hers
Now in her son's head,
It was a thing most beautiful
That you inherited;

It was a meeting privileged
With her mind and body too,
For a thousand years would pass so swift
If they but looked at you.

Because these eyes belong to her
It's strange that he has them,
I'm ashamed to face her now because
They happened in a man.

When she and they were one to me
Little did I think
Those eyes would change to masculine
That spoke so womanly.

Where is the source of madness
That's any worse than this?
Do I have to change my dialogue
Now that they are his?

She wasn't the first to see with them
Any more than he
Nor will he be the last
Who will wear them.

Is this all there is of eternity
That something of us lives on
Becoming masculine and feminine
From the mother to the son?

43

BÓITHRE BÁNA

Eoghan Ó Tuairisc

Is fada uaim na bóithre,
na bóithre fada, bán faoin ngréin,
siar thar choim na má móire
go leisciúil, leadránach ar strae.

In uaigneas caoin mo chuimhne,
cloisim naosc go géar garbh
amuigh i gciúnas na riasca
ag buaireamh brionglóidí na marbh.

Asal dubh go smaointeach
ag comhaireamh gach coiscéim dá shlí,
cailín ard le cosa ríona
ag tarraingt uisce i mbuicéidín.

Sráidbhaile ina chodladh,
an deatach ina línte réidhe,
foscadh úr thar fráma dorais
is cumhracht dí i mbrothall lae.

Siar arís an bóthar,
ór á leá i mbarra géag,
meisce mhilis an tráthnóna,
is an saol faoi dhraíocht ag dán an éin.

Och, is fada uaim na bóithre,
na bóithre atá bán faoin ngréin;
is ó ghleo na cathrach móire
éalaíonn mo chuimhne leo ar strae.

WHITE ROADS

How I hanker for the roadways,
long roads whitened under sun,
westward through the plain's expanses
lazily lingering, straying on.

In the loneliness of my mind
I listen to a snipe's harsh shriek
in the silence of the marsh
disturb the dreams of the deceased.

A black ass in quiet reflection
counts each footstep of the way,
a tall girl with queenly legs
drawing water in a pail.

A village sleeps while smoke from chimneys
rises straight up to the sky,
a cool doorway out of swelter,
the fragrance of a drink imbibed.

Back again along the roadway,
branches topped by melting gold,
sweet intoxicating evening,
the spell of birdsong throughout the world.

Oh, how I hanker for the roadways,
roadways whitened under sun;
away from the clamour of the city,
my mind escapes and strays with them.

OÍCHE NOLLAG

Máire Mhac an tSaoi

Le coinnle na n-aingeal tá an spéir amuigh breactha,
Tá fiacail an tseaca sa ghaoith ón gcnoc,
Adaigh an tine is téir chun na leapan,
Luífidh Mac Dé ins an tigh seo anocht.

Fágaidh an doras ar leathadh ina coinne,
An mhaighdean a thiocfaidh is a naí ar a hucht,
Deonaigh do shuaimhneas a ligint, a Mhuire,
Luíodh Mac Dé ins an tigh seo anocht.

Bhí soilse ar lasadh i dtigh sin na haíochta,
Cóiriú gan caoile, bia agus deoch,
Do cheannaithe olla, do cheannaithe síoda,
Ach luífidh Mac Dé ins an tigh seo anocht.

CHRISTMAS EVE

With candles of angels the sky is now dappled,
The frost on the wind from the hills has a bite,
Kindle the fire and go to your slumber,
Jesus will lie in this household tonight.

Leave all the doors wide open before her,
The Virgin who'll come with the child on her breast,
Grant that you'll stop here tonight, Holy Mary,
That Jesus tonight in this household may rest.

The lights were all lighting in that little hostel,
There were generous servings of victuals and wine
For merchants of silk, for merchants of woollens
But Jesus will lie in this household tonight.

AIMHRÉIDH

Caitlín Maude

Siúil, a ghrá
cois trá anocht –
siúil agus cuir uait
na deora –
éirigh agus siúil anocht

ná feac do ghlúin feasta
ag uaigh sin an tsléibhe
tá na blátha sin feoite
agus tá mo chnámhasa dreoite . . .

(Labhraim leat anocht
ó íochtar mara –
labhraim leat gach oíche
ó íochtar mara . . .)

shiúileas lá cois trá –
shiúileas go híochtar trá –
rinne tonn súgradh le tonn –
ligh an cúr bán mo chosa –
d'ardaíos mo shúil go mall
'gus ansiúd amuigh ar an domhain
in aimhréidh cúir agus toinne
chonaic an t-uaigneas i do shúil
'gus an doilíos i do ghnúis

shiúileas amach ar an domhain
ó ghlúin go com
agus ó chom go guaille
nó gur slogadh mé
sa doilíos 'gus san uaigneas

48

ENTANGLEMENT

Walk, my love,
by the strand tonight –
walk, and away
with tears –
arise and walk tonight

henceforth never bend your knee
at that mountain grave
those flowers have withered
and my bones decayed . . .

(I speak to you tonight
from the bottom of the sea –
I speak to you each night
from the bottom of the sea . . .)

once I walked on the strand –
I walked to the tide's edge –
wave played with wave –
the white foam licked my feet –
I slowly raised my eye
and there far out on the deep
in the tangle of foam and wave
I saw the loneliness in your eye,
the sorrow in your face

I walked out on the deep
from knee to waist
and from waist to shoulder
until I was swallowed
in sorrow and loneliness

AMHRÁN GRÁ VIETNAM

Caitlín Maude

Dúirt siad go raibh muid gan náir
ag ceiliúr ár ngrá
agus an scrios seo inár dtimpeall

an seabhac ag guairdeall san aer
ag feitheamh le boladh an bháis

dúirt siad gurbh iad seo ár muintir féin
gurbh í seo sochraide ár muintire
gur chóir dúinn bheith sollúnta féin
bíodh nach raibh brónach

ach muidne
tá muid 'nós na haimsire
    go háirid an ghrian
ní thugann muid mórán aird'
ar imeachataí na háite seo feasta

lobhann gach rud le teas na gréine
thar an mbás

agus ní muidne a mharaigh iad
ach sibhse

d'fhéadfadh muid fanacht ar pháirc an áir
ach chuir aighthe brónacha na saighdiúirí
ag gáirí sinn
agus thogh muid áit bhog cois abhann

VIETNAM LOVE SONG

They said we were shameless
celebrating our love
with devastation all around us

the hawk hovering in the air
awaiting the stench of death

they said that these were our own
that this was the funeral of our own people
that we should at least be solemn
even if we were not mourning

but we
we are like the weather
    especially the sun
we don't pay much attention
to these happenings any longer

everything decays in the heat of the sun
after death

and it wasn't we who killed them
but you

we could have stayed on the field of slaughter
but the sad faces of the soldiers
made us laugh
and we chose a soft spot by the river

GÉIBHEANN

Caitlín Maude

Ainmhí mé

ainmhí allta
as na teochreasa
a bhfuil cliú agus cáil
ar mo scéimh

chroithfinn crainnte na coille
tráth
le mo gháir

ach anois
luím síos
agus breathnaím trí leathshúil
ar an gcrann aonraic sin thall

tagann na céadta daoine
chuile lá

a dhéanfadh rud ar bith
dom
ach mé a ligean amach

CAPTIVITY

I am an animal

a wild animal
from the tropics
    famous
    for my beauty

I would shake the trees of the forest
once
with my cry

but now
I lie down
and observe with one eye
the lone tree yonder

people come in hundreds
every day
who would do anything
for me
but set me free

IMPÍ

Caitlín Maude

A ógánaigh,
ná tar i mo dháil,
ná labhair . . .
is binn iad
briathra grá –
is binne aríst
an friotal
nár dúradh ariamh –
níl breith
gan smál –
breith briathar
amhlaidh atá
is ní bheadh ann
ach 'rogha an dá dhíogh'
ó tharla
an scéal mar 'tá . . .

ná bris
an ghloine ghlan
'tá eadrainn
    (ní bristear gloine
    gan fuil is pian)
óir tá Neamh
nó Ifreann thall
'gus cén mhaith Neamh
mura mairfidh sé
go bráth? –
ní Ifreann
go hIfreann
iar-Neimhe . . .
impím aríst,
ná labhair,
a ógánaigh,

ENTREATY

Young man,
do not come near me,
do not speak . . .
the words of love
are sweet –
but sweeter still
is the word
that was never uttered –
no choice
is without stain –
the choice of words
is much the same
and this would be
to choose between evils
in our present
situation . . .

Do not break
the clear glass
between us
      (no glass is broken
      without blood and pain)
for beyond is Heaven
or beyond is Hell
and what good is Heaven
if it is not
for ever? –
the loss of
Heaven
is the worst Hell . . .
I implore you again
do not speak,
young man,

a 'Dhiarmaid',
is beidh muid
suaimhneach –
an tuiscint do-theangmhaithe
eadrainn
gan gair againn
drannadh leis
le saol na saol
is é dár mealladh
de shíor –
ach impím . . .
ná labhair . . .

my 'Diarmaid',
and we will be at peace –
untouchable understanding
between us
we will have no cause
to touch it
ever
as it ever
allures us –
but I implore you . . .
do not speak . . .

AN PHURGÓID

Mícheál Ó hAirtnéide

Faic filíochta níor scríobh mé le fada
gé go dtagann na línte mar théada damháin alla –
prislíní Samhna ag foluain trí gharrán:
an scuaine meafar ag tuirling orm,
na seanshiombailí – "an spéir atá gorm,
póg agus fuiseog agus tuar ceatha" –
ábhar dáin, a bhás is a bheatha.

Anois ó táim im thiarna talún
ar orlach inchinne, ní dheinim botún
ach cuirim as seilbh na samhla leamha –
na hinseacha meirgeacha, na rachtanna lofa,
cabáil is tagairt is iad go tiubh mar screamha
ar an aigne bán, ar an anam folamh.
Sea, tagann an tinfeadh, ach níl mé sásta –
clagairt poighneachán seilide atá fágtha
is carn crotail ciaróg marbh é,
an dán millte le baothráiteas
tá ag sú na fola as ealaín ársa
mar sciortán ar mhagairle madra.

Caithfidh mé mo chaint a ghlanadh is a fheannadh
nó gan phurgóid tuitfidh trompheannaid –
ní bheidh i ndán ach gaoth is glicbhéarla
is caillfidh mé mo theanga dhaonna.

Aoibhinn damhsa ógfhile i measc na leabhar
ach is suarach rince seanfhile balbh bodhar –
an geocach i mbrat tincéara,
an cág a ghoidfeadh bréagfháinne,
an chathaoir bhacach i siopa siúinéara,
is béal gearbach striapach na sráide.
Mairg don té dhein an chéad chomparáid

THE PURGE

Hartnett, the poet, might as well be dead,
enmeshed in symbol – the fly in the web;
and November dribbles through the groves
and metaphors descend on him in droves:
the blood-sucked symbols – the sky so blue,
the lark, the kiss, and the rainbow too.
This syrupy drivel would make you puke.

The monarch now of an inch of vision,
I'll not fall down for indecision
but banish for now and forever after
the rusty hinges, the rotten rafters,
the symbols, the cant, the high allusion
that reduce the white mind to confusion.
Inspiration comes, and the poet is left
with the empty rattle of discarded shells,
the husks of beetles piled up dead –
his poem spoiled by stupid talk
that sucks the blood of an ancient craft
like a bloated tick on a mongrel's balls.
I must purge my thought and flay my diction
or else suffer that fierce affliction –
my poems only wind and bombast
having lost their human language.

Pleasant the young poet's dance with books
but the old poet's advance should be rebuffed –
the mummer in the tinker's shawl,
the garrulous brass-thief, the jackdaw,
the beat-up chair at the carpenter's,
and the scabby mouths of idle whores.
Bad cess to him who first compared

idir an t-éan agus fear cumtha dán:
do thug sé masla do chlúmh is táir –
go dtuite cac Éigipteach ó thóin fáinleoige air.

Aoibhinn don ghearrcach cantaireacht is foghlaim
ach is ceap magaidh an rí rua 's é ag aithris ar riabhóigín:
féachaigí ar ár n-éanlann dúchasach,
gach cás le clúmh is fuílleach clúdaithe,
na neadacha déanta de bhruscar na haoise
is éanlaithe ann ag cur cleití go bhfreasúra.
Tá fáilte ag cách roimh sor an chlú ann
ach cailltear na seanóirí is iad aineolach
is gan acu ach deasca is dríodar.
Lasmuigh den leabharlann stadann an rince
is tréigeann siad neadacha an ghlórghránna
le hanamacha folamha, le haigní bána.

Éist aríst leis – clagairt cloiginn mo sheanmháthar
ar an staighre: cliotaráil easna m'uncail
im phóca (an siansa cnámh so) –
béic an tSagairt is scréach an Bhráthar –
an t-anam goilliúnach i súilibh m'athar:
laethanta m'óige (an cogar glórghránna).
Mórshiúl dorcha mo ghaolta am leanúint,
Uncail Urghráin agus Aintín Ainnis:
adhraim iad go léir is a seanchuilteanna
mar bíonn ar fhile bheith dílis dá fhoinse.
Caitheann sé muince fiacal a mháthar
is ceanglann sé leabhair le craiceann a dhearthár –
cruthantóir seithí, adhlacóir is súdaire.
Is peannaid shíoraí an oscailt uaigh seo –
bíonn na filí sa reilg gach uair a' chloig
ag troid ar son cnámh le ramhainn is sluasaid –
duine is snas á chur ar phlaitín a dhearféar aige
duine len bhroinn a rug é a' scríobhadh cruimh aisti.
Gach dán ina liodán, marbhna nó caoineadh

the poet's rhymes to the singing bird –
he insulted plumage, he insulted verse.
May Egypt shit him from a swallow's arse.

The fledgeling's sweet, but it's insipid
to hear the chaffinch act the meadow-pipit.
Look at all our native birds
in stinking cages dung-floored;
their nests, the cast-offs of the age
where the birds moult in frightful rage.
They court and welcome the louse of fame
and, dying old, they die in vain:
ignorant, with nothing left,
but dregs and leavings. Outside the nest
the dance is stopped, the din consigned
to empty souls, to vacant minds.

My uncle's ribs are clattering
in my pocket; and hear again –
on the stairs the cacophony
of granny's skull (this symphony
of bones) – Priests' and Brothers' cries –
the wounded soul in my father's eyes:
the coarse whisper of my youth.
My ancestors march in dark pursuit:
Uncle Hate and Auntie Guilt,
I adore you both and your ancient quilts:
a poet must be true to his sources.
He wears a necklace of his mother's teeth;
with his brother's skin, his book's bound neat;
he's a curer of skins, a burier of corpses.
An eternal penance, this opening of graves –
the poets in the graveyard always with spades
and shovels fighting over bones –
one shines his sister's kneecap's dome,
one scrapes maggots from his mother's womb.
Each poem an elegy, a litany, or lament;

is boladh na nglún fuafar ag teacht ó gach líne
is timpeall muiníl gach file, lán d'iarsmaí seirgthe,
tá taise a athar, a chadairne chóirithe.

Níl sa stair ach roghadhán Ama
tá na céadta dán ann ach tá an t-eagarthóir ceannaithe,
fualán rí nó giolla aigne ghamail –
níl stair ag éinne ach an fear tá smachtaithe,
í ina cruit ar a dhruim aige, fáth a bheatha –
is labhrann sé gach lá le daoine go bhfuil cáil orthu.
Nach iontach an rud é bualadh le Plato
nó ól sa tábhairne le Emmet, an créatúr?
nó bheith go minic le Críost ag plé ruda?
Nach iontach crá sólásach an údair
is é ag smaoineamh ar bhás na milliún Giúdach?
Is í ár gcruitne is ár mbunábhar
is ungadh ár n-anam is ár n-aigne mbán í –
ár n-aigne a smaoiníonn ina bochtanas
ar chiúnas, ar chamadh is ar choirp mharbha.
Níl sa stair ach ceirín neascóide
ag tarraingt an bhrachaidh is réamán an éadóchais
ag draoibeáil ár n-aigne bán le téamaí,
ag glaoch orainn ón dorchadas don chéilí
chun guairneáin, chun luascadh, chun éaló
ar ais don chúinne le aigne aonair –
is meathann na hairdfhir, Críost is Plato
is fágtar an file is a anam folamh
chomh huaigneach le cailís faoi thalamh.

Mar fhionnadh luiche i mbéal cait
    nó téachtán fola ag lorg cinn
bíonn na bánmhiotais ag siúl
    i bhféithe na bhfile gcríon:
Icarus, Meadhbh is Críost –
    sea, an Críost a d'éag
chun na miotais ón domhan a scuabadh –

each line morbid with the hideous dead;
and hung around each poet's neck
are the tanned relics of his father's scrotum.

History is only Selected Time –
there are poems a-plenty, but the editor's bribed,
the King's lackey with the fool's mind.
History is only for the man displaced –
it's the hump on his back, his *raison d'être* –
he converses daily with the great.
Isn't it grand to meet with Plato,
or drink in the pub with Emmet, the *craythur*;
or often with Christ to discuss your views
('tis a great solace to an author
when he thinks of the death of a million Jews.)
Oh, 'tis our hump and our very substance,
our healing and our holy ointment:
our minds think only (being so impoverished)
of quietness, and crookedness, and corpses.
History is a mere poultice
drawing pus from the hopeless:
it stains the white mind with its themes;
it entices the dark to the Céilí
to spin, to swing, to escape again
back to the corner with lonely mind.
And greatness palls with Christ and Plato
and the poet is left with his empty soul
like a chalice lonely beneath the soil.

Like mousefur in a cat's mouth
or a bloodclot seeking a brain,
the white myths are stalking
the old poets' veins:
Icarus, Meadbh and Christ –
yes, the Christ who died
to free the world of mythologies

anois is miotas é féin.
Níl iontu ach gearba an eolais is cancairí sa ghabhal:
súmairí an anama iad, ag sú go teann.
Nuair is tuirseach sinn is scanraithe
   is nuair éagann an fhilíocht
cuirimid na taibhsí bána i dtalamh dóite an ghairdín.

Is é ar mbaothchreideamh go bhfuil siad beo –
na mairbh atá marbh is beidh go deo.
Zéus agus Vénus, finscéalta ón scoil scairte,
líonann siad ár mbolg is múchann siad an tart ann
is an dán ocras: ithimid ar ár dtoil
is ligimid brúcht asainn a chloistear san ollscoil.
Bíonn Márs is a sciath aige á spreagadh is ag gáire
(seansaighdiúirí is an tír féna smacht acu
spreagann siad an t-aos óg chun troda is catha).
Slán leis an áilleagán, an tseoid is an bréagán,
slán le Ióbh, le Gráinne is le Daedalus,
le maidí croise is giobail tá ag crochadh sa séipéal
mar shlánadh caorach ar thor tobair naofa.

Ní file go máistir focal, ní file go ceard
ní file go hoiliúint, ní file go fios dán –
gach dán atá ar domhan, a dhéanamh is a cheolsan,
ach seachain na bratacha is clog lobhair an eolais,
seachain bheith id shaoithín is id leabhar beo:
ní file go fios datha, fios deilbhe is ceoil.
Ach ní thig leat dath a scríobh, ná siolla eibhir
a bhreacadh síos – sin gníomh file daibhir.
File a phléann fiúg, cuireann sé gaoth le gaoith
is deineann praiseach is prácás as obair na saoithe
ach nuair is bán sinn is folamh de ló nó istoíche
alpaimid leigheas na foghlama siar chun faoisimh
is tuislímid go sonasach go dtí an carn crotal
ag carbhas go socair i dtábhairne an tsotail –
ach ní beacha sinn tá lán t'réis taisteal círe

is himself mythologised.
These are scabs of knowledge, and cankers in the groin,
the leeches of the soul sucking strong.
When we're tired and frightened
And when poetry dies
we plant the white ghosts in the scorched garden.
We believe that they're alive –
the dead forever dead, except in our silly minds.

Zeus and Venus, fables from the Hedge
schools, fill us and take the edge
from thirst and poem-hunger: we're now well fed
and the University listens to our belch.
Mars with his shield incites, amused,
when the land of old soldiers is badly ruled
and aflame with discontented youth.
Goodbye to frippery, to jewellery, the toy;
to Jove and Gráinne and Daedalus, goodbye;
to Churches hung with miracles
like sheeps' afterbirth by Holy Wells.

A poet must master words, must learn his trade;
must be schooled in poetry, know how poems are made:
every poem in the world, its song and make.
Avoid labels and lepers' bells,
avoid the pedant pedagogical:
no poet is without colour, without stone, without chord.
But colour and granite won't yield to words,
the impoverished poet's syllables.
The poet's fugues add wind to wind
and wreck the work of greater men,
but white and empty, day and night,
we dose ourselves with others' thought
and stumble blithely to the heap of husks
and carouse safely in the pub –
we're no bees replete in the hive

ach puchaí atá breoite t'réis foracan géarfhíona.

Ar a ghogaí orm istoíche bíonn an Traidisiún.
Seanrud é is ocrach, lán d'ailpeanna luachra
ag béiceadh "óglachas! aicill!" agus "uaim!",
is gráscar file ag freastal air, ag sá ina bhundún
na mílte méadair leamha, na céadta seantiúin.
Ach: is ionann an mhuc is a máistir
is fé bhrat an tsoir is an tsalachair
tá cnis nach bhfuil uaithi óglachas
ná lón lofa an ghráscair.
Ní córas é tá seargtha, ach cnuasach á athrú
nach n-aithníonn a shagairt (déircigh an chlú)
a chaitheann dánta is daoine isteach ina chraos
is é ag bramadh go cumhra friotal tríd an aer –
túis atá taitneamhach ag a bhaothchléir.
Sea, is baoth na gleannta féin, is leamhársa a bpraitinn:
seachain na fallaí briste, ná héist le haicill aitinn.
Seachain é, an Traidisiún tá bréagach
nó beidh do chnis lán de léasaibh:
ceilfidh sé an file is loitfidh sé a bhéarsaí
is beidh im úr bhur ndántaibh
caillte faoi ghéarshubh airne.

Mise uaigh an dóchais is reilg na fírinne,
diúgaire cáile is alpaire fuílligh.
Ní dheisfidh córas na n-ard braon anuas mo chroíse
ná an poll im anam mar a shileann ann maoithneachas.
Athchruthaím mé féin le cluasa Plato,
le sróin Freud, le hordóig Hegel,
fiacla Bergson is croiméal Nietzsche:
na baill a thugann don leathchorp íce.
Tá Buddha plódaithe isteach sa slua ionam,

but drunken wasps in the height of horrors
from sucking too much vinegar.

And always at night antique Tradition,
lizard-infested, screams its mission:
"assonance! alliteration!" and "free verse!";
its retinue of poets shove up its arse
their ancient airs and metaphors.
But the pig is as its master
and, though the sheet be loused, dirt-plastered,
the skin beneath doesn't need
the rowdy rabble's rotten feed.
It's not a static system, but an accumulating change
that its priests don't recognise (those beggars of fame)
who stuff its maw with people
and poems till the creature
farts phrases fragrant to the sky –
and incense they find agreeable, if high!
Avoid the silliness of glens
and their decaying placenames;
avoid the broken walls, the gorse's assonance.
Shun that sham, Tradition,
or 'twill welt your skin's condition;
it will smother the poet's vision
till the butter of your songs
is lost in bitter sloe-jam.

I am the grave of hope and the tomb of truth,
swiller of fame, gulper of residues.
The systems of great men will never mend
my heart's drop-down, the leak of sentiment.
I construct myself with Plato's ears,
Hegel's thumb, Freud's beard,
Nietzsche's 'tache and Bergson's teeth
to make my body whole, complete.
I add Buddha to the crush

tá teagasc críonna sean-Lao Tzu ionam:
tinneas goile im anam atá am chrá
is pléasctar mo chorp ina fhearthainn bhláth.
Tuitim síos le mórchioth file –
agus bláthanna gan cumhra iad uile –
le ceannbháin Kant is aiteal Aristotle,
sáiste Schopenhauer: na fealsaimh is a sotal.
I measc na ngas is na ngéag ina gcoillte
bím mar leanbh ar strae i bpáirc iománaíochta:
cloisim an gháir mholta ón slua ann
ach ní fheicim ach na mílte cóta móra.
Mise Frankenstein agus a chréatúr
de bhaill is fuílleach is seile déanta.

An file ag caint le Dia – an seanscéal san,
an "mar dhea" ársa, níl a leithéid ann:
ní chreideann aon fhile i nDia ná i nDéithe
cé go gcreideann sé sna naoi mbéithe.
Nuair a éagann sé, éagann a dhia leis,
is éagann ailse, galar ae agus croí leis:
éagann a inchinn is a mhagairlí leis
is éagann eagla roimh an neamhní leis:
éagann an chuilt chlúmhghé sa spéir thuas –
gach fear ina Chríost is an crann réidh dó.
Do Dhia ariamh file níor labhair
cé anamchara Críost é is é as a mheabhar.
Siúlann sé faoi spéir is tagann áthas iontach –
triallann sé go tobair chun comhrá le Bríd ann,
ag lorg a grásta is tinfeadh a póige:
ní file ansin ach ambasadóir é.
Tréigeann sé tír agus tréigeann sé dánta –
cosúil leis an uair do bhí aigne bán agam
is dheineas iarracht ar chaint leis an Dúileamh
is do chaith na réalta seile i mo shúilibh.

and Lao Tzu's teachings are a must:
but a pain in my belly upsets my powers
and my body explodes in a rain of flowers,
and down I come with a shower of poets –
oh, they're some flowers, these perfumed oafs
with juniper of Aristotle, bogcotton of Kant,
sage of Schopenhauer, arrogant.
Here in a wood among stem and branch
like a child lost at a hurling match,
I hear the cheering of lusty throats
and see only the hems of coats.
Oh, I am Frankenstein and his creature
made of spittle, and bits and pieces.

The old story – the poet and God
conversing together – that's all wrong.
There is no poetic pantheon
though the nine muses keep him going.
When he dies, his god dies with him,
and cancer –, and liver –, and heart-condition:
the poet's mind and balls die with him,
and fear of the void dies also with him:
the goosedown quilts fade in the air –
each man is Christ and his cross waits there.
No poet ever spoke to God
though he turns to Christ when he goes mad.
He walks under heaven like a simple *eejit*
and goes to the well to talk to Bridget.
Courting her grace, and seeking to kiss her, he
is no poet but an emissary.
He abandons country, he abandons rhymes,
as when I myself had a white mind;
and God can't blame me, because I tried
and the stars rained spittle in my eyes.

An meafar, máthair na filíochta,
fál an fhile, tiarna na samhlaíochta –
an té a bhraitheann an domhan gan meafar
éagann sé roimh aois a tríocha.
Éist go cruinn leis an méid atá ráite agam –
táim in aois a daichead is seacht gcat báite agam.
Chonaic mé a súile céasta
a bhfiacla feargacha mar réalt tar éis pléascadh.
Ar mo láimh bhí bráisléid fola
is tháinig bolgáin ón éag san fholcadán.
Do thumas isteach i luaith tí an tsúbhachais
is bhí fiacla na gcat dubh ón súiche.
A mheafair, a mháthair, beidh mise id athair:
bí liom le solas is nimh linbh ata.
Ceansóidh mé thú ach beidh mise id chapall,
beidh an srian agam ach beidh tusa id mharcach.
Téann na meafair ar fara le faontuirse
is méadaíonn an diuáin féna chosa
gnáthfhara, gnáthmheafair, gnáthfhile:
ní hionadh go bhfuil na préacháin ar mire
ag stracadh na gcrann, ag bualadh ina gcoinne –
táimid go léir ag lorg meafar,
lán d'ablach, ag cágaíl is ag tafann –
tá cór díobh ag canadh mo ráitis-se:
"daichead blian is seacht gcat báite agam."

Do b'olc é an domhan gan ach dán ann,
do bheadh an bhith chomh nocht le fásach:
gan ach eala, lile is rós ann –
ba bhocht iad ár fauna is ár flora.
Ní bheadh ann ach luisne ildathach,
Má cheiliúrann file an domhan is a anam
is gach atá iontach is annamh
cá bhfuil trácht ar an bpilibín eitre?

Poet-protector, poet-mother,
lord of symbols, the metaphor.
A world without metaphor is a world dirty:
who sees it thus, dies at thirty.
Listen well to what I set down –
I'm forty years, I've seven cats drowned.
I have seen their tortured eyes,
their manic teeth like stars gone wild.
They clawed a bracelet on my hand
as death bubbled in the bath.
I dived to the ash of a likely pub
and the cats' teeth became black from soot.
Metaphor, mother, I'll be your sire:
give me your poison, give me you light.
I'll break you in, but I'll be your horse;
I'll hold the reins, but you'll be the jock.
Tired metaphors go to roost
and the dung piles up beneath their toes
same old roost, same old symbol, same old poet:
no wonder the crows are all insane
stripping the trees and banging against them –
for metaphors now we're madly searching,
full of carrion: cackling and barking –
the crow-choir echoes what I set down:
"forty years and seven cats drowned."

Imagine a world with nothing but poems,
desert-naked and bare-boned:
with nothing but swans and lilies and roses –
such a meagre fauna and flora.
All the foliage in technicolour,
dwarf and giant, joy and squalor.
If poets celebrate the world's soul
and the rare and wonderful they extol,
where's the mention of the plover?

Cá bhfuil nead an ghabha uisce?
Mura mbeadh ann ach filiméala,
camhaoir ar maidin is luí na gréine
ní bheadh againn ach domhain bréagach.
Sinne na leaids a adhrann saoirse
nach bhfuil uainn ach moladh na ndaoine:
sinne na leaids a phulcann na géanna
le coirce dreoite chun ramhrú a n-aenna.
Sea, chailleamar an toghchán ar son ár bpáirtí
is caithimidne éadaí dhein fear nach ceardaí.
Sinne na mangairí a dhíolann cadás in ionad síoda,
sinne do cheap an domhan tá lán de dhreoilíní.

Níl san fhile ach dánta i gcnuasach –
tá gach a raibh ann de idir dhá chlúdach:
is iad a dhánta a fhíorleac –
níl fágtha ach finscéal is tagairt sheasc.
Níl againn ach fios mar lón anama
is ní iarann an Bás uainn tada
ach sinn féin amháin agus méid ár bhfeasa.
Caitheann an fear cróga eolas uaidh go flúirseach
nó éiríonn sé faitíosach, uaigneach
is titeann na soip do ghoid sé ó dhaoine
is tagann an braon isteach tríd an díon air
is ní folamh ansin an t-anam rólíonta
is cruann an tuí is múchtar na soilse
is ní bán é anois an aigne bhí riamh bán.
Bás a fháil gan eolas atá pearsanta
fíordhorchadas is ifreann ceart é:
eolas aonda a thabhairt don domhan
sin an t-aon síoraíocht atá ann.
Bás cáig, sin bás gan aon agó,
nead a loitear in anfa an fhómhair.

Níl sa ráiteas ach dán gan bhod –
ceiliúr nó sluaghairm – sin a chualamar.

Where's the nest of the water-dipper?
If no bird sang but Philomel,
and nothing was but sunrise, sunset,
the world we live in would be hell.
We're the boys who adore freedom
wanting only the praise of people:
we're the boys who fatten geese
to swell their livers for our feast.
We lost the election for our party,
the rags we wear make tailors narky.
We promise you silk and we give you cotton,
we fill the world with wrens from top to bottom.

The poet is only his Collected Verse,
and all he was is contained in books:
his poetry is his true memorial –
other that that, mere fables and stories.
Our viaticum is knowledge
and death wants nothing from us
but ourselves and our knowledge.
The brave man spends knowledge freely
or else grows frightened, growing lonely;
and the straws fall that he stole from others –
his roof leaks on him. He shudders:
his bloated soul no more will hunger
and his once white mind is white no longer
and the thatch hardens, and the lights are smothered.
To die without knowledge of yourself
is the worst darkness, the worst hell:
to bequeath your truth to humanity
is the only immortality.
A jackdaw's death is a death, without question –
a nest torn down by the storms of autumn.

Statement is castrated verse –
a cry, a slogan – so we've heard:

Iomann don oifigeach mhustrach í –
fadó, ba Róisín Dubh ár dtír,
inniu ina taoiseach nó ina easóg le púicín
nó trá ghainmheach le héan lán d'íle.
Sluaghairm tá uaithi anois is ní hiad dánta
ná amhrán ach an oiread, ach baothráiteas.
Is ceart don fhile bheith tréatúrach ina dhántaibh
ach bheith ina laoch is gunna ina láimh aige.
Ní fiú broim an dán sa charcair,
ní dhingfidh sé clogad, ní stopfaidh sé urchar:
ní chothóidh sé éinne in am tortha lofa,
ní bia sa chorcán é don chlann sa ghorta.
Go raibh gorta is cogadh ar na staraithe go deo,
go raibh na dánta tírghrácha ag an bpopstar ghlórach.
Níl tír ag file ach amháin an Ceart,
níl muintir aige ach ualach taibhreamh.
Is féidir leis mealladh is múscailt is cáineadh
le focail nach fiú cannaí stáin leis.
Go léime buataisí ar an gcloigeann
a dhéanann dearmad ar chontúirt na hintuigse.

Nach ait é an créatúr an duine daonna
a chreideann i ndia is i ndiabhal le chéile,
a bhíonn ag gabháil le cogar cianach rúnda:
"bás agus beatha agus grá agus fuath."
Do dhún na blianta mogaill ár súl
is "tagann catha", is "buíochas le Dia" uainn
is múineann dream na heaglaise umhlaíocht dúinn –
"an cogadh cóir" a sheanmóin, is an grá!
Do cheapadar an deoch suain is éifeachtaí atá –
an Uilíoch nó uile-íoc ár bpian.
Do dhein an Uilíoch naíonáin dínn,
do dhein sé steancán as ár litríocht,
do dhein sé paidir as seandán camhaoire
is leanaimid go meata é le binnscríbhinn –
ag síorlorg dide na clochaoise.

the hymn of the pompous clerk.
Once our country was Róisín Dubh:
today it's a warlord, a stoat with a hood,
a sandy beach with an oil-soaked bird.
Of slogans now you can take your pick –
not poems or songs but rhetoric.
Where verse is treacherous, 'tis fitting and right
for the poet to turn fighter with an armalite.
A poem in prison isn't worth a fart –
won't dent a helmet, won't stop a shot:
won't feed a soul when the harvest rots,
won't put food in hungry pots.
Famine and war to all historians!
May popstars roar our ballads glorious!
Justice is the poet's land:
he has no family but a load
of dreams to sting, and coax, and goad
with words as worthless as tin cans.
May heavy boots stomp on the head
that forgets the danger of being understood.

Your human being is a funny bloke
believing in god and the devil both;
secretly whispering early and late:
"life and death, and love and hate."
Long years have closed our eyes,
"war will come," and "thank God" we cry –
the clergy have taught us to be shy
preaching "the just war" and "love!"
Oh, they doped us with their drug –
their Universal God Above.
The Universal made us infantile,
cut our literature down to size
and pagan dawnsong is Christianised.
Like cowards we follow with our sweet scribble
always in search of a stone-age nipple.

Tiocfaidh cogadh mar creidimid i gcogadh fós:
is sólás iontach é an cogadh a bheith romhainn –
is é ár rogha dide é, an cogadh dána:
mar is Uilíoch é, gnáthrud gránna.

Cuir im ar m'arán, im na cáile,
is subh éachtach déanta as fuil mo chairde.
Is annamh an rud é file atá macánta,
slíocann sé an searrach a mholann a dhánta
is sánn an t-ainmhí fiacal i gcroí a láimhe.
An cine, an mhuintir agus an treabh –
moltar is cáintear iad mar is ceart,
ach níl cara daonna sa pharlús scáfar
ach amháin braitlíní mar thaiséadaí bána
mar bhrat ar arrachtach nó ar thábla.
Is féidir le file a shaol a líonadh
le clann, le cairde is le dea-dhaoine
ach níl réiteach a cheiste móire ag éinne acu:
muna bhfuil gá le filíocht cén fáth go bhfuil filí ann?
Aonarach is tréadúil, ar a chiall nó as a mheabhair
caite ó chothú na cuaiche ina cheann:
saineolaí formaid ag mealladh go teann
gach drochmheas is fonóid atá ar domhan:
ag tairiscint bronntanas is bróid i measc na sluaite
le hais na dtaiséadach is an troscán olc-iontach
i bparlús a chloiginn ag gol is ag caoineadh –
gan chara aige, gan treabh, gan mhuintir.

Is francach í an fhilíocht gafa idir fhiacla,
fiacla na tagartha, fiacla na haidiachta.
Is nimhneach iad araon, go háirithe an aidiacht
bhinnghlórach: bíonn smólaigh Mumhan ag screadaíl
amhrán mar chac gabhair ar dhruma.
Ón aidiacht tagann ainm lag tar éis cumaisc –
is ospidéal máithreachais gach dán do chumas,
ainmneacha ina n-othar ann is iad ina máithreacha,
is an tUasal Ó hAidiachta ag feitheamh le dul-in-airde.

76

War will come for we believe in war:
it's a great consolation to know this for sure –
it's our choice of nipple, this barefaced warring:
it's Universal, common, ordinary.

Butter my hand with reputation,
spread the terrible jam of my friends' ruination.
'Tis seldom you see a poet honest:
he strokes the foal that praises his sonnets –
that brute would bite – keep your hand far from it.
The tribe, the people, and the race
are rightly blamed, and rightly praised;
but there's no friend in that spooky parlour –
just sheets like shrouds over tables, over spectres.
A poet can fill his life
with family, friends, his kids, the wife,
but none can answer his overwhelming question:
how poets exist with no attention.
Longer or gregarious, sane or mad,
worn from nourshing the cuckoo in his head;
expert in envy, lord of the absurd,
attracting every jibe and snigger in the world:
strewing pride and presents among the crowds
beside the grotesque tables and the shrouds,
in the parlour of his head mourning and weeping –
homeless, friendless, among his people.

Poetry is a rat trapped: it cannot live
in the fangs of allusion, the fangs of adjective,
poisonous both, especially the latter,
sweet as the Munster thrushs' chatter,
their songs like goat-shit on a drum.
The adjective produces a sickly noun,
and all my rhymes are maternity homes
where nouns are patients and mothers both,
and my Lord Adjective is outside
waiting his chance of another ride.

Tóg an speal chucu, gearr is bain iad,
déan carn cáith díobh, is cuir é tré thine
is cífidh tú tríd an deatach muid – is ainmneacha sinne.
Ní glas é crann ar bith, is crann é, do chuala –
is rud é crann, is ainm: níl sa "glas" ach tuairim.
Ach seachain tú féin, a spealadóir,
tá páirc mhaol dán lán de bhallghleo:
tabhair cabhair don fhilíocht, scaoil a bóna
is lig don ainm anáil a thógaint.

Do chuaigh critic amú i ndán uair amháin:
ní fhaca sé aon suaitheantas ann.
Do bhrúigh sé gach míne ann faoi chos –
chuala mionbhrioscarnach: thosnaigh sé ag gol.
Thosnaigh sé ar a dhia a ghuí,
d'iarr sé cabhair ón ollscoil is a taibhsí.
"Díreach ar aghaidh" do fhreagair, "go líne fiche naoi"
is do bhí a chomhartha ann, tagairt do Dante:
d'aimsigh sé a shlí amach is an dán do mhol sé.
Ní fhaca sé an ceard ná an snas bhí ann
ná na rudaí rúnda míne bhí lán de chumhacht –
ach amháin an suaitheantas gan slacht.
Bhí a chompás gan tairbhe insan áit
nach raibh aon tuaisceart ann le fáil.
Cad is critic ann, in ainm Bhríde bheo?
Nó an bhfuil aon "chomhchoibhneas oibiachtúil" ann dó?

Cad tá fágtha nuair a chríochnaíonn an píobaire?
Dríodar, seile, macalla is triacla.

Bhuel, tar éis sin uilig, tá an fhadhb fós fágtha:
an dán a mhairfidh, an mbeidh sé daonna?
Brisim mo riail féin mar ní riail é
ach um bheithígh de leathar déanta,
ceangailte ormsa, miúil na héigse.

Cut 'em down, and dry, and turn 'em,
and make a heap of 'em and burn 'em
and through the smoke, our names you'll see:
no tree is green – a tree is a tree.
A tree is a name, and real too:
green is only a point of view.
But be careful when the scythe swings
for the stubble is full of warshocked limbs.
Give poetry a hand, undo its collar,
give the noun air, or it will smother.

A critic floundered in a poem once
for want of signposts, the poor dunce.
He crushed each subtlety underfoot
and wept, hearing their brittle crunch.
He prayed to God that he might see;
he invoked the ghosts of the University.
"Straight ahead," came the blessed answer,
"to line twenty-nine, and look for Dante",
and released, he praised the poem, the chancer.
He saw no polish, or craft, or care,
nor the subtle power of the poet aware –
only that ugly signpost there.
His compass was of no account
in a place that had no north or south.
What's a critic, in the name of Bridget,
or can any "objective correlative" gauge it?
So, what is left when the piper ceases?
Dregs, spit, echoes, treacle.
There's still a problem, all said and done:
the poem that lives, will it be human?
I break my dictum – it's not a rule
but a harness on me, poetry's mule.

Gé seift mise, táim aonarach.
Táim umhal is táim sotalach,
is inbhriste iad mo rialacha:
líon deich leabhar chun rá: ná habair faic.
Bí umhal don éiclips ach coimeád giota ré leat:
bí id sholas beag, bí id eisceacht.
Súigh an pluma is caith amach an eithne –
titfidh sí san aoileach
is beidh míle crann ag feitheamh leat.
Ná bí iomaíoch: níl againn ach dánta,
rudaí nach mbíonn rafar
faoi thaoiseach ná pápa.

Is seo í Éire, is mise mise.
Craobhscaoilim soiscéal an neamhaontaigh.
Obair ghrá is ealaíne, sin an méid a éilím
chomh folamh le nead gabha uisce
chomh bán le bolg gé.
Bóthar an fhile gan chlochmhíle air,
bóthar gan stad i n-ostán an ghrinn air,
bóthar le luibheanna gan aird air
ag bogadh go ciúin ó na claíocha áilne.

I am a conspiracy of one.
I'm humble, arrogant; when all is done,
my rules are easily broken:
I fill ten books to say: let nothing be spoken.
Serve the eclipse, keep a slice of the moon,
be a small light, be an exception too.
Suck the plum, spit out the stone –
it will land on dung
and a thousand trees will grow.
Don't be competitive: all we have is poems,
things not answerable
to leader or pope.

This is Ireland, and I'm myself.
I preach the gospel of non-assent.
Love and art is the work I want
as empty as a dipper's nest,
whiter than a goose's breast –
the poet's road with no milestone on it,
a road with no wayside stop upon it,
a road of insignificant herbs
welling quietly from every hedge.

TEILIFÍS

Gabriel Rosenstock

Ar a cúig a chlog ar maidin
Theastaigh an teilifís uaithi.
An féidir argóint le beainín
Dhá bhliain go leith?
Síos linn le chéile
Níor bhacas fiú le gléasadh
Is bhí an seomra préachta.
Gan solas fós sa spéir
Stánamar le hiontas ar scáileán bán.
Anois! Sásta?
Ach chonaic sise sneachta
Is sioráf tríd an sneachta
Is ulchabhán Artach
Ag faoileáil
Os a chionn.

(faoi m'iníon Saffron)

TELEVISION

At five o'clock in the morning
She wanted television.
Who can argue with a little woman
Two and a half years old?
Down we went together,
I didn't even dress
And the room was freezing.
No light yet in the sky,
We stared in wonder at the white screen.
Happy now?
But she saw snow
And a giraffe through it
And an arctic owl
Wheeling
Above it.

(about my daughter Saffron)

BILLIE HOLIDAY

Gabriel Rosenstock

D'fháiscis pian
As sárbhinneas
Binneas
As sárphian
Nuair a éigníodh thú in aois
Do dheich mbliana duit
B'in an chéad tairne
I gcéasadh do chine is do bhanúlachta
Is d'ealaíne
Go dtí sa deireadh
Gur scanraigh do ghuth féin tú,
A ainnir i sról.

BILLIE HOLIDAY

You squeezed pain
From the height of sweetness
Sweetness
From the height of pain
When you were raped
At ten years old
That was the first nail
In the crucifixion of your race, your womanhood
And your art
Till in the end
Your own voice frightened you
Lady in satin.

ANOIS

Gabriel Rosenstock

anois tá gach ní slán,
cá bhfios an mbeidh arís go brách?
blais nóiméad seo an ghrásta –
taoi arís id naíonán fásta.

NOW

now everything is well,
will it ever be again?
take this moment, then, and taste –
man again a child of grace.

SLIABH

Gabriel Rosenstock

an bhfuil na sléibhte gorm dubh nó bán?
an bhfuil siad le feiscint go hiomlán?
an bhfaca daonnaí sliabh
riamh?

MOUNTAIN

are the mountains blue, black, white?
are they translatable by sight?
was a mountain ever seen
by a human being?

POKER

Michael Davitt

Nach ceait mar atá
ag deireadh an lá
tar éis grá
na gaoithe binbeach.

D'imigh sí uait
is d'fhág sí tú
gan phunt
gan tuiseal ginideach.

POKER

Isn't it cat, my friend,
at the day-end
after love
like a wind that's venomous.

She's left and gone
and here I am
flat broke
without a genitive.

DO BHOBBY SANDS AN LÁ SULAR ÉAG

Michael Davitt

Fanaimid,
mar dhaoine a bheadh
ag stánadh suas
ceithre urlár ar fhear
ina sheasamh ar leac fuinneoige
ag stánadh anuas orainn
go tinneallach.

Ach an féinmharú d'íobairtse?
ní géilleadh, ní faoiseamh;
inniu ní fiú rogha duit
léimt nó gan léimt.

Nílimid cinnte
dár bpáirtne sa bhuile;
pléimid ceart agus mícheart
faoi thionchar ghleo an tí óil;
fanaimid ar thuairiscí nua,
ar thuairimí nua *video*.

Fanaimid, ag stánadh,
inár lachain i gclúmh sóch,
ar na cearca sa lathach
is an coileach ag máirseáil thart
go bagarthach ar a ál féin,
ar ál a chomharsan
is i nguth na poimpe glaonn:
'coir is ea coir is ea coir.'

FOR BOBBY SANDS ON THE DAY BEFORE HE DIED

We wait,
like people
staring up
four floors at a man
standing on a windowsill
who is staring down at us
nervously.

But is your sacrifice suicide?
it is not surrender, it is not release;
today you haven't even the choice
of jumping or not jumping.

We're not certain
of our part in this madness;
we wrangle over right and wrong
when our blood's up in the pub;
we wait for the latest bulletins,
the latest video opinions.

We wait, staring,
like ducks in cosy plumage,
at the hens in the mire
while the cock struts
threateningly around his own brood
and his neighbours'
pompously crowing:
'A crime is a crime is a crime.'

Thit suan roimh bhás inniu ort.
Cloisimid ar an raidió
glór do mhuintire faoi chiach,
an cumha ag sárú ar an bhfuath:
is é ár nguí duit
go mbuafaidh.

You fell into a death-sleep today.
We hear on the radio
the catch in the voice of your people,
sorrow overwhelming hate:
our prayer for you
is that it will.

URNAÍ MAIDNE

Michael Davitt

Slogann dallóg na cistine a teanga de sceit
caochann an mhaidin liathshúil.
Seacht nóiméad déag chun a seacht
gan éan ar chraobh
ná coileach ag glaoch
broidearnach im shúil chlé
is blas bréan im bhéal.

Greamaíonn na fógraí raidió den bhfo-chomhfhios
mar a ghreamódh
buíocán bogbheirithe uibh
de chois treabhsair dhuibh
mar a ghreamódh cnuimh de chneá.
Ná héisteodh sibh
in ainm dílis Dé ÉISTÍG . . .

Tagann an citeal le blubfhriotal miotalach
trí bhuidéal bainne ón gcéim
dhá mhuga mhaolchluasacha chré.
Dúisigh a ghrá
tá sé ina lá. Seo, cupán tae
táim ag fáil bháis
conas tánn tú fhéin?

MORNING PRAYER

The kitchen blind swallows its tongue in fright,
morning winks a grey eye.
Seventeen minutes to seven,
no bird on a branch
and no cock crowing,
a throbbing in my left eye
and a foul taste in my mouth.

The radio ads cling to the unconscious
as the yolk
of a soft-boiled egg
would cling to black trousers,
as a maggot would cling to a wound.
Listen
for the love of Jesus SHUT UP . . .

The kettle comes with metallic splutter,
three bottles from the doorstep,
two red-eared mugs of clay.
Wake up love
it's day. Here's a cup of tea.
I'm dying –
how are you?

ATHCHUAIRT

Áine Ní Ghlinn

Nuair a tháinig na páistí
le bláthanna na huaighe
mheasas gurbh aisteach é ar dtús
tú bheith thar n-ais
ag gliúcaíocht amach orm
ó leac na fuinneoige.

Ach tháinig mé isteach air
diaidh ar ndiaidh is
bhraitheas go mba shuaimhneach
do theacht.

D'fhiafraíos díot ar thaitin
na hathruithe sa chistin leat
nó an raibh an bord níos fearr
taobh thiar den doras.

D'oscail tú do phiotail
is thabharfainn an leabhar
gur dhein tú meangadh gáire
is bhí áthas orm gur tháinig tú
fiú go sealadach.

A REVISITING

When the children came home
with flowers from your grave
I thought it strange at first
to have you back
peering out at me
from the window-sill.

But I got used to it
by degrees, and
felt your coming
was a peaceful one.

I asked you if you liked
the changes in the kitchen
or if the table was better
behind the door.

You opened up your petals
and I could have sworn
you smiled
and I was glad you had come back
even for a while.

AN TOBAR

Cathal Ó Searcaigh

"Cuirfidh sé brí ionat agus beatha,"
arsa sean-Bhríd, faghairt ina súile
ag tabhairt babhla fíoruisce chugam
as an tobar is glaine i nGleann an Átha.
Tobar a coinníodh go slachtmhar
ó ghlúin go glúin, oidhreacht
luachmhar an teaghlaigh
cuachta istigh i gclúid foscaidh,
claí cosanta ina thimpeall
leac chumhdaigh ar a bhéal.

Agus mé ag teacht i méadaíocht
anseo i dtús na seascaidí
ní raibh teach sa chomharsanacht
gan a mhacasamhail de thobar,
óir cúis mhaíte ag achan duine
an t-am adaí a fholláine is a fhionnuaire
a choinníodh sé tobar a mhuintire:
ní ligfí sceo air ná smál
is dá mbeadh rian na ruamheirge
le feiceáil ann, le buicéad stáin
dhéanfaí é a thaoscadh ar an bhall
is gach ráithe lena choinneáil folláin
chumhraítí é le haol áithe.

Uisce beo bíogúil, fíoruisce glé
a d'fhoinsigh i dtobar ár dteaghlaigh.
I gcannaí agus i gcrúiscíní
thóg siad é lá i ndiaidh lae
agus nuair a bhíodh íota tarta orthu
i mbrothall an tsamhraidh
thugadh fliuchadh agus fuarú daofa
i bpáirceanna agus i bportaigh.

THE WELL

" ' Twill put a stir in you, and life,"
says old Bridget, spark in her eyes
profferring a bowl of spring-water
from the purest well in Gleann an Átha,
a well that was tended lovingly
from generation to generation, the precious
heritage of the household
snugly sheltered in a nook,
a ditch around it for protection,
a flagstone on its mouth.

When I was growing up
here in the early 'sixties
there wasn't a house in the neighbourhood
without its like,
for everyone was proud then
of how wholesome and pure
they kept the family well:
they wouldn't let it become murky or slimy
and at the first trace of red-rust
it was bailed-out with a tin bucket;
every season it was purified with kiln-lime.

Lively, living water, pellucid spring-water
gushed forth from our family well.
In tin-cans and pitchers
they drew it daily
and in the devouring thirst
of sweltering summer
it slaked and cooled them
in field and bog.

Deoch íce a bhí ann fosta
a chuir ag preabadaigh iad le haoibhneas
agus mar uisce ionnalta
d'fhreastail ar a gcás ó bhreith go bás.

Ach le fada tá uisce reatha
ag fiaradh chugainn isteach
ó chnoic i bhfad uainn
is i ngach cisteanach
ar dhá thaobh an ghleanna
scairdeann uisce as sconna
uisce lom gan loinnir
a bhfuil blas searbh súlaigh air
is i measc mo dhaoine
tá tobar an fhíoruisce ag dul i ndíchuimhne.

"Is doiligh tobar a aimsiú faoi láthair,"
arsa Bríd, ag líonadh an bhabhla athuair.
"Tá siad folaithe i bhfeagacha agus i bhféar,
tachtaithe ag caileannógach agus cuiscreach,
ach in ainneoin na neamhairde go léir
níor chaill siad a dhath den tseanmhianach.
Aimsigh do thobar féin, a chroí,
óir tá am an anáis romhainn amach:
Caithfear pilleadh arís ar na foinsí."

Do Mháire Mhac an tSaoi

It was a tonic, too,
that made them throb with delight
and for their ablutions
it served from cradle to grave.

But, this long time, piped water from distant hills
sneaks into every kitchen
on both sides of the glen;
water spurts from a tap,
mawkish, without sparkle,
zestless as slops
and among my people
the springwell is being forgotten.

" 'Tis hard to find a well nowadays",
says Bridget filling the bowl again.
"They're hidden in rushes and grass,
choked by green scum and ferns,
but, despite the neglect,
they've lost none of their true mettle.
Seek out your own well, my dear,
for the age of want is near:
There will have to be a going back to sources."

For Máire Mhac an tSaoi

LÁ DE NA LAETHANTA

Cathal Ó Searcaigh

Is cuimhneach liom Domhnach fadó fadó. Domhnach síoraí samhraidh a bhí ann. Chuaigh mé ar thuras i ngluaisteán gorm. Turas chun an tSolais.

Cealaíodh am agus aimsear; clog agus caileandar. Bhí mé ag tiomáint sa tsíoraíocht. Dia a bhí ionam ar deoraíocht.

Bhí sé te. I bhfíor-dhuibheagán na bhflaitheas thum mé "sponge" mo shamhlaíochta is nuair a d'fháisc mé é ina dhiaidh sin filíocht a tháinig ag sileadh as. Filíocht a thug fliuchadh agus fuaradh.

Bhí an féar ag ceiliúr is ag ceol ar na crainn. Bhí na héanacha ag éirí glas sna cuibhrinn. Bhí na néalta ag méileach ar na bánta. Ní raibh oiread agus caora le feiceáil sa spéir.

Casadh sruthán orm a bhí ag fáil bháis leis an tart. Thosaigh mé ag caoineadh is tháinig sé chuige féin go tapaidh. Thóg mé cnoc beag a bhí ag siúl ar thaobh an bhealaigh. Dúirt sé go raibh sé ag déanamh cúrsa i dtarrtháil sléibhe. Is cuimhneach liom gur fhág sé a chaipín ceo ina dhiaidh sa charr.

Ach dúirt an ghaoth liom a casadh orm i mbarr an Ghleanna go raibh sí ag gabháil an treo sin níos déanaí is go dtabharfadh sí an caipín ceo arís chuige. An ghaoth bhocht. Tháinig mé uirthi go tobann. Bhí sí nocht. Ach chomh luath agus a chonaic sí mé tharraing sí an t-aer thart uirthi féin go cúthalach agus labhair sí liom go séimh.

ON SUCH A DAY

I remember one Sunday long ago. An eternal Summer Sunday. I went on a journey in a blue car. A journey towards the Light.

Time and weather were no more; clock and calendar. I was driving in eternity. I was God wandering.

It was hot. In the depths of heaven I plunged the sponge of my imagination and when I squeezed it afterwards poetry flowed from it. Poetry that was wet and cooled me.

The grass was warbling and singing on the trees. The birds were greening in the fields. The clouds were bleating in the pastures. Not one sheep was in the sky.

I chanced upon a stream that was dying of thirst. I began to cry and it recovered quickly. I picked up a small hill that was walking by the wayside. It said it was doing a course in mountain-rescue. I remember it left its cap behind in the car.

But the wind I met at the top of the Glen said she was going that way later and would return the cap to him. The poor wind! I came upon her suddenly. She was sunning herself at the top of the Glen. She was naked. But the instant she saw me, she drew the air shyly around her and spoke gently.

Bhí siad uilig chomh cineálta céanna. Thug na clocha cuireadh domh suí ina gcuideachta is nuair a chiúnaigh siad thart orm go cainteach thuig mé cad is tost ann. D'éist mé le bláth beag bhí ag seinm "sonata" ar "phiano" a piotail, ceol a chuir aoibhneas ar mo shrón. Tharraing an loch mo phictúir.

Agus an lá, fear tí an tSolais, cuimhneoidh mé air go brách. Bhí sé chomh béasach dea-mhúinte agus é i mbun gnó; ag freastal is ag friotháladh ar mo chuid riachtanaisí. Níor dhruid sé na doirse is níor tharraing sé na dallóga go dtí gur dhúirt mé leis go raibh mé ag gabháil 'na bhaile. D'oibrigh sé uaireanta breise go díreach ar mhaithe liomsa.

Agus tháinig an oíche 'na bhaile i mo chuideachta, a corp slim sleamhain ag sioscadh i mo thimpeall; spéarthaí dubha a gúna ag caitheamh drithlí chugam. Mheall sí mé lena glórthaí.

Is cuimhneach liom Domhnach fadó fadó is cé go bhfuil luanscrios déanta air ó shoin

Creidim i gcónaí sna míorúiltí.

Do Lillis Ó Laoire

They were all as kind as she. The stones invited me into their company and when they quietened talkatively about me I understood the meaning of silence. I listened to a small flower playing a sonata on her petal-piano, music that pleased my nose. The lake drew my picture.

And the day, host of the Light, I'll remember forever. He was so well-mannered and polite doing his duty; attending to and anticipating my needs. He didn't close the doors or pull the blinds till I informed him I was going home. He worked overtime just for my benefit.

And night came home with me, her sleek and slender body rustling about me; the black skies of her dress twinkling all around me. She enthralled me with the sound of her voice.

I remember that Sunday long long ago. And though time has destroyed it

I believe in miracles still.

For Lillis Ó Laoire

PORTRÁID DEN GHABHA MAR EALAÍONTÓIR ÓG

Cathal Ó Searcaigh

Tá mé dúthuirseach de Dhún Laoghaire,
de mo sheomra suí leapa in Ascal an Chrosaire.
Áit chúng a chraplaíonn mo chuid oibre
mar ghabha focal
is a fhágann mé istoíche go dearóil
ag brú gaoil ar lucht óil
seachas a bheith ag casúireacht dánta do mo dhaoine
ar inneoin m'inchinne.
A Dhia na bhfeart, tá sé imithe thar fóir
an díomhaointeas damanta seo!
Á! Dá mbeinn arís i gCaiseal na gCorr
ní i mo chiotachán a bheinn, leathbheo.

Ní hé leoga! Ach i gceárta na teanga
bheinnse go breabhsánta
ag cleachtadh mo cheirde gach lá;
ar bhoilg m'aigne ag tathant bruíne
ag gríosú smaointe chun spréiche
ag casúireacht go hard
caint mhiotalach mo dhaoine.

Do Mháire Nic Suibhne

108

A PORTRAIT OF THE BLACKSMITH AS A YOUNG ARTIST

I'm sick and tired of Dún Laoghaire,
Of my bedsit in Cross's Avenue,
A pokey place that cripples my wordsmith's craft
And leaves me nightly in the dumps
Scrounging kindred among the drunks
Instead of hammering poems for my people
On the anvil of my mind.
Almighty God! It's gone too far,
This damned silence.
If I were back in Caiseal na gCorr
I'd not be awkward, half-alive.

No way! But in the smithy of my tongue
I'd be hale and hearty
Working daily at my craft
Inciting the bellows of my mind
Stirring thoughts to flame
Hammering loudly
The mettlesome speech of my people.

For Máire Nic Suibhne

NÍL AON NÍ

Cathal Ó Searcaigh

Níl aon ní, aon ní, a stór,
níos suaimhní ná clapsholas smólaigh
i gCaiseal na gCorr,

ná radharc níos aoibhne
ná buicéad stáin na spéire ag sileadh
solais ar Inis Bó Finne.

Is dá dtiocfá liom, a ghrá,
bheadh briathra ag bláthú ar ghas mo ghutha
mar shiolastrach Ghleann an Átha,

is chluinfeá geantraí sí
i gclingireacht na gcloigíní gorma
i gcoillidh Fhána Bhuí.

Ach b'fhearr leatsa i bhfad
brúchtbhaile balscóideach i mBaile Átha Cliath
lena ghleo tráchta gan stad,

seachas ciúinchónaí sléibhe
mar a gciúnaíonn an ceo le teacht na hoíche
anuas ó Mhín na Craoibhe.

THERE'S NOTHING

There's nothing, nothing, my love,
more peaceful than a twilight of thrushes
in Caiseal na gCorr,

nor a sight more joyful
than the sky's tin buckets
spilling light on Inis Bó Finne,

and if you would come with me, love,
words would flower on the stem of my voice
like yellow-flag in Gleann an Átha,

and you would hear fairy love-songs
in the tinkle of the bluebells
in the woods of Fána Bhuí.

But you'd much prefer
a smutty suburb in Dublin
with the incessant din of traffic

to the quiet life in the mountain
where the fog falls silent at nightfall
down from Mín na Craoibhe.

HIGH STREET, KENSINGTON, 6 P.M.

Cathal Ó Searcaigh

Blaisim ar uairibh
i maistreadh sráide
babhla bláiche
i riocht dáin.

HIGH STREET, KENSINGTON, 6 P.M.

There are times I taste
in the street's churning
a bowl of buttermilk
in the shape of a poem.

ANSEO AG STÁISIÚN CHAISEAL NA gCORR

Cathal Ó Searcaigh

Anseo ag Stáisiún Chaiseal na gCorr
d'aimsigh mise m'oileán rúin
mo thearmann is mo shanctóir.
Anseo braithim i dtiúin
le mo chinniúint féin is le mo thimpeallacht.
Anseo braithim seasmhacht
is mé ag feiceáil chríocha mo chineáil
thart faoi bhun an Eargail
mar a bhfuil siad ina gcónaí go ciúin
le breis agus trí chéad bliain
ar mhínte féaraigh an tsléibhe
ó Mhín 'a Leá go Mín na Craoibhe.
Anseo, foscailte os mo chomhair
go díreach mar bheadh leabhar ann
tá an taobh tíre seo anois
ó Dhoire Chonaire go Prochlais.
Thíos agus thuas tím na gabháltais
a briseadh as béal an fhiántais.
Seo duanaire mo mhuintire;
an lámhscríbhinn a shaothraigh siad go teann
le dúch a gcuid allais.
Anseo tá achan chuibhreann mar bheadh rann ann
i mórdhán an mhíntíreachais.
Léim anois eipic seo na díograise
i gcanúint ghlas na ngabháltas
is tuigim nach bhfuilim ach ag comhlíonadh dualgais
is mé ag tabhairt dhúshlán an Fholúis
go díreach mar a thug mo dhaoine dúshlán an fhiántais
le dícheall agus le dúthracht
gur thuill siad an duais.

HERE AT CAISEAL NA gCORR STATION

Here at Caiseal na gCorr Station
I discovered my hidden island,
my refuge, my sanctuary.
Here I find myself in tune
with my fate and environment.
Here I feel permanence
as I look at the territory of my people
around the foot of Errigal
where they've settled
for more than three hundred years
on the grassy mountain pastures
from Mín 'a Leá to Mín na Craoibhe.
Here before me, open
like a book,
is this countryside now
from Doire Chonaire to Prochlais.
Above and below, I see the holdings
farmed from the mouth of wilderness.
This is the poem-book of my people,
the manuscript they toiled at
with the ink of their sweat.
Here every enclosed field is like a verse
in the great poem of land reclamation.
I read this epic of diligence now
in the green dialect of the holdings,
understand that I'm only fulfilling my duty
when I challenge the Void
exactly as my people challenged the wilderness
with diligence and devotion
till they earned their prize.

Anseo braithim go bhfuil éifeacht i bhfilíocht.
Braithim go bhfuil brí agus tábhacht liom mar dhuine
is mé ag feidhmiú mar chuisle de chroí mo chine
agus as an chinnteacht sin tagann suaimhneas aigne.
Ceansaítear mo mhianta, séimhítear mo smaointe,
cealaítear contrárthachtaí ar an phointe.

Do Michael Davitt

Here I feel the worth of poetry.
I feel my *raison d'être* and importance as a person
as I become the pulse of my people's heart
and from this certainty comes peace of mind.
My desires are tamed, my thoughts mellow,
contradictions are cancelled on the spot.

For Michael Davitt

OÍCHEANTA GEIMHRIDH

Cathal Ó Searcaigh

Oícheanta geimhridh agus muid ag cuartaíocht
i dtigh Neddie Eoin i mbarr na Míne Buí
bhíodh seanchiteal súicheach ag portaíocht
ar an chrochadh os cionn na tineadh
ag coinneáil ceoil le seit na mbladhairí
a dhamsaigh thart i dteallach na cisteanadh.

Bhíodh gaotha na gcnoc ag trupáil fán tairseach
amhail buachaillí bradacha nach ligfí isteach
agus muidne le mugaí móra galach le tae
'nár suí go sochmaidh os comhair an tseanchaí;
drithleoga dearga a bhriathra ina spréacha
ag lasadh na samhlaíocht' ionainn go réidh.

Agus é ag drithliú ansiúd ina choirneál scéalaíochta
bhíodh muidne ag airneál fá chlúdaigh a aigne,
ag tabhairt rúscadh na gríosaí dá chuimhne
amanta le ceisteanna casta ár bhfiosrachta
agus é ag eachtraíocht fána shaol ar an Lagán
agus ar fheirmeacha East Lothian na hAlban.

Bhíodh a ghlór chomh teolaí le tinigh smután, lán
de shiosán agus de shrann agus é ag spalpadh
dáin de chuid Bhurns dúinn ó thús go deireadh —
'Tam O' Shanter' nó b'fhéidir 'Kellyburn Braes'
agus chomh luath agus a chanadh sé 'Scots Wha Hae'
tchífeá bladhairí ag splancarnaigh as a shúile.

Bhíodh siollaí gaile ag éirí as a phíopa cré
agus é ag trácht ar mharcraí buile Ailigh
a mhúsclós maidin inteacht le deargadh an lae
le hÉirinn a chosaint i gCogadh an Dá Rí,

WINTER NIGHTS

Winter nights when we rambled
to Neddie Eoin's at the top of Mín Bhuí
A sooty old kettle lilted
on the hook above the fire
keeping time with the flames
as they danced a set on the hearth.

Hill winds clattered on the threshold
– blackguards who weren't let in –
while we composed ourselves, mugs of tea steaming in our hands,
as we sat before the storyteller,
the red sparks of his words spluttering
to life in our imaginations.

While he crackled with stories there in his corner
we'd explore the fire-place of his mind
stirring the embers of his memory
with the vexed questions of our curiosity,
as he'd hold us with yarns of the Lagan
and of the farms of East Lothian in Scotland.

His voice was warm as a bogwood fire
hissing and soughing as he
rattled off one of Burns' poems from start to finish –
'Tam O' Shanter' or maybe 'Kellyburn Braes'
and as soon as he struck up 'Scots Wha Hae'
you'd see the flames flashing in his eyes.

Smoke syllables rose from his clay pipe
when he drew down the mad horseman of Aileach
who'll resurrect some morning at daybreak
to defend Ireland in the War of the Two Kings

is bhíodh muidne ag marcaíocht ar sheanstól bhuí
ag tapú ina n-araicis i mBearna na Mucaise.

Is bhíodh muidne ag seilg bídh leis na Fianna
ó Oirthear Dhumhaigh go barr na Beithí,
is ag imirt cnaige le curaidh na hEamhna
ar na méilte féaraigh i Machaire Rabhartaigh;
is chonaic muid an slua sí oíche Shamhna
ag siamsaíocht ar bhealach Fhána Bhuí.

Ó ba mhéanar a bheith arís ag cuartaíocht
na hoícheanta geimhridh seo i dtigh Neddie Eoin,
mo ghoradh féin ar a dheismireacht bhéil
agus é ag baint lasadh asam lena mholadh;
gach focal ina aibhleog dhearg ag spréachadh
chugam go teolaí as tinidh chroíúil a scéil.

Tá sé corradh le fiche bliain anois
ó chuaigh a thinidh as, i mbarr na Míne Buí
ach istigh anseo i gcoigilt mo chuimhne
drithlíonn beo nó dhó den tinidh adaí
is leáfaidh na drithleoga sin an dubhacht
a mhothaím anocht i bhféitheoga an chroí.

Do Sheosamh Watson

while we rode the old yellow stool
galloping to meet them in Muckish Gap.

And we hunted food with the Fianna
from Oirthear Dhumhaigh to the top of Beithigh,
 played hurling with the heroes of Eamhain
on the grassy dunes of Machaire Rabhartaigh,
and saw the Otherworld on hallowe'en night
sporting on the road to Fána Bhuí.

Oh how I'd love to ramble again
these winter nights to Neddie Eoin's,
to warm myself in the spell of his talk,
blushing in his praise —
each word a red hot coal firing
me from the hearty glow of his story.

His fire is out these twenty years
or more at the top of Mín Bhuí
but here in the banked hearth of my memory
a live coal or two from that fire sparkles,
and those sparks will dissolve the gloom
I feel in my heart tonight.

For Seosamh Watson

CAORADÓIR

Cathal Ó Searcaigh

Ina chrága cranracha, ina shiúl spadánta
tá trí scór bliain de chruacht agus de chruatan,
de choraíocht bhuan le talamh tíoránta
an tsléibhe, ansiúd os cionn Loch Altáin.
Talamh gortach gann a d'ól le blianta
allas a dhíograise is a d'fhág é chomh spíonta,
chomh lomchnámhach le stumpán caoráin.
Agus na mianta a bhláthaigh i bhfearann a chroí
shearg siad go tapaidh de dhíobháil solais
i bProchlais iargúlta i mbéal an uaignis
san áit nach dtig aoibh ar an spéir ach go hannamh
is nach ndéanann an ghrian ach corrdhraothadh.

Ansiúd faoi scáth arrachtach an tsléibhe
níor aoibhnigh bean é le fuiseoga a póg
is níor neadaigh suáilcí an ghrá
aon lá riamh i bhfiántas a chléibhe.
Tá siúl an tsléibhe ag a thréad beag caorach
ó abhainn Mhín an Mhadaidh go barr na Beithí
ach tá sé teanntaithe é féin ó bhí sé ina stócach
ag na claíocha críche atá thart air go bagrach
ach amháin nuair bhíonn braon beag imithe chun a chinn.
Ansin éalaíonn a smaointe as raon a intleachta
mar chaoirigh siúlacha in ocras an gheimhridh
ag cuartú féaraigh i ndiamhra an tsléibhe.

Ansiúd is minic creathnú an bháis ina chroí
nuair a tí sé cnáfairt chnámh ina shlí
nó a chuid madadh ag coscairt conablaigh
sna cnoic adaí atá lán de chiúnas agus de chaoirigh.

SHEEPMAN

In his calloused hands, in his sluggish gait
there are sixty years of hardness and hardship,
of constant struggle with the tyranny of the mountain
there above Loch Altán.
Hungry, mean land that for years drained
the sweat of his fervour and left him spent
and skeletal as a bog-stump.
And the desires that flowered in his heart's fields
withered quickly for want of light
in remote Prochlais in the mouth of the wilderness
where the sky but seldom smiles,
the sun laughs only the odd wry laugh.

Here in the monstrous shadow of the mountain
no woman ever pleasured him with the larks of her kisses,
the joys of love never nested
in the wilderness of his heart.
His little flock of sheep have the run of the mountain
from Mín an Mhadaidh river to the top of Beithigh
but he is bound since youth
to the boundary ditches that surround him, menacing
except when the wee drop's gone to his head.
Then his thoughts escape the beaten track of intellect —
wandering sheep in the hunger of winter
seeking grazing in dark mountain recesses.

There horror of death often trembles in his heart
when he sees skeletons on the path
or his dogs tearing carcasses
in hills pregnant with silence and sheep.

Agus dála gheir rósta na muiceola is na feola
a bheir tinneas bhéal an ghoile dó gach lá
luíonn an dorchadas go trom ar a aigne —
an dorchadas a ramhraíonn anuas ón Achla
le teacht na hoíche is a líonann é le heagla.

Ansiúd san oíche ina chisteanach lom leacach,
cruptha ina chathaoir os comhair na tineadh,
bíonn sé ag humáil is ag hútháil faoina anáil
leis an uaigneas a choinneáil ó dhoras, an t-uafás
a bhíonn ag drannadh leis as an dorchadas
is a shleamhnódh chuige isteach ach faill a fháil
le creach a dhéanamh ina chloigeann,
go díreach mar a ní na luchógaí móra
crúbáil is creimseáil os a chionn ar an tsíleáil.

Fadó bhíodh a chroí ag bualadh le bród
nuair a bhíodh an Druma Mór ag teacht ar an fhód
go bríomhar buacach, Lá Fhéil' Pádraig ar an Fhál Charrach.
Oícheantaí anois agus é ina luí ar a leabaidh
cluineann sé druma maolaithe a sheanchroí
ag gabháil in ísle brí agus ag éirí stadach . . .

Do Ghréagóir Ó Dúill

And just as the dripping of bacon and roast-meat
give him indigestion daily,
the dark lies heavy on his mind —
the dark which thickens down from Achla
at nightfall and terrifies him.

There at night in his bare, flag-floored kitchen,
hunched in his chair before the fire,
he hums and haws under his breath
to keep the loneliness from his door, the terror
which snarls at him from the night
which would sneak in given half a chance
to prey upon his mind
just as the rats
claw and nibble at the ceiling above him.

Long ago his heart beat with pride
when the Big Drum paraded
lively and proud on Saint Patrick's Day in Falcarragh.
Nights now in bed
he hears his old heart's muffled drum
growing weak and faltering . . .

For Gréagóir Ó Dúill

BÓ BHRADACH

Cathal Ó Searcaigh

D'éirigh sé dúthuirseach déarfainn
den uaigneas a shníonn anuas i dtólamh
fríd na maolchnocáin is fríd na gleanntáin
chomh malltriallach le *hearse* tórraimh;
de bhailte beaga marbhánta na mbunchnoc
nach bhfuil aos óg iontu ach oiread le créafóg;
de na seanlaochra, de lucht roiste na dtortóg
a d'iompaigh an domasach ina deargfhód
is a bhodhraigh é *pink* bliain i ndiaidh bliana
ag éisteacht leo ag maíomh as seanfhóid an tseantsaoil;

de na *bungalows* bheaga bhána atá chomh gránna
le *dandruff* in ascaill chíbeach an Ghleanna;
de na daoine óga gafa i *gcage* a gcinniúna
dálta ainmhithe allta a chaill a ngliceas;
de thrí thrua na scéalaíochta i dtruacántas
lucht na dífhostaíochta, den easpa meanmna,
den iargúltacht, den chúngaigeantacht ar dhá thaobh an
    Ghleanna;
de na leadhbacha breátha thíos i dTigh Ruairí
a chuir an fear ag bogadaigh ann le fonn
ach nach dtabharfadh túrálú ar a raibh de shú ann;

de theorainneacha treibhe, de sheanchlaíocha teaghlaigh,
de bheith ag mún a mhíshástachta in éadan na mballaí
a thóg cine agus creideamh thart air go teann.
D'éirigh sé dúthuirseach de bheith teanntaithe sa Ghleann
is le rúide bó bradaí maidin amháin earraigh
chlearáil sé na ballaí is *hightailáil* anonn adaí.

Do Liam Ó Muirthile

A BRADDY COW

He got fed-up, I'd swear,
of the loneliness that constantly seeps down,
through the rolling hills, through the valleys
sluggish as a hearse;
of the lazy hamlets of the foothills
empty of youth as of earth;
of the old warriors, of the sodbusters
who turned to red-sod the peaty soil
and who deafened him pink, year-in, year-out,
bragging of the old sods of the past;

of the small, white bungalows ugly
as dandruff in the sedgy headlands of the Glen;
of the young trapped in the cage of their fate
like wild animals who have lost their cunning;
of the three sorrows of storytelling in the misery
of the unemployed, of low spirits,
of the backwardness, of the narrowmindedness of both sides
     of the Glen,
of the fine birds below in Ruairí's
who stirred the man in him
but who couldn't care less about his lusting;

of tribal boundaries, of ancient household ditches,
of pissing his frustration at race and religion
that walled him in.
He got fed up of being fettered in the Glen
and, bucking like a braddy cow one spring morning,
he cleared the walls and hightailed away.

                              For Liam Ó Muirthile

A braddy cow: a thieving, trespassing cow

CEANN DUBH DÍLÍS

Cathal Ó Searcaigh

A cheann dubh dílis dílis dílis
d'fhoscail ár bpóga créachtaí Chríosta arís;
ach ná foscail do bhéal, ná sceith uait an scéal:
tá ár ngrá ar an taobh thuathal den tsoiscéal.

Tá cailíní na háite seo cráite agat, a ghrá,
's iad ag iarraidh thú a bhréagadh is a mhealladh gach lá;
ach b'fhearr leatsa bheith liomsa i mbéal an uaignis
'mo phógadh, 'mo chuachadh is mo thabhairt chun
aoibhnis.

Is leag do cheann dílis dílis dílis,
leag do cheann dílis i m'ucht a dhíograis;
ní fhosclód mo bhéal, ní sceithfead an scéal
ar do shonsa shéanfainn gach soiscéal.

MY BLACKHAIRED LOVE

My blackhaired love, my dear, dear, dear,
Our kiss re-opens Christ's wounds here;
But close your mouth, don't spread the word:
We offend the Gospels with our love.

You plague the local belles, my sweet,
They attempt to coax you with deceit
But you'd prefer my lonely kiss,
You hugging me to bring to bliss.

Lay your head my dear, dear, dear,
Lay your head on my breast here;
I'll close my mouth, no detail break —
I'd deny the Gospels for your sake.

TÁ MÉ AG SÍORSHIÚL SLÉIBHE

Cathal Ó Searcaigh

Tá mé ag síorshiúl sléibhe ar feadh na hoíche
ó Mhalaidh na Gaoithe suas go barr Mhín na Craoibhe
is ó thréig tú aréir mé — cé shamhlódh é choíche —
tá mo shaolsa níos loime ná blár seo an tsléibhe.

Chiap tú mé is chráigh tú mé is d'fhág tú mar seo mé
gan romham is gan i mo dhiaidh ach seachrán agus sliabh,
gan amach i ndán domh as duibheagán seo an dorchadais,
óir ba tusa an ball bán a bhí riamh ar an oíche i mo chliabh.

Bhéarfainnse a bhfuil agam agus flaitheas Dé lena chois
ach mé a bheith sínte anois idir tusa agus saol na ngeas.
Ó, a cheann dea-chumtha agus a chorp na háilleachta,
b'fhearr amharc amháin ort anocht ná solas síoraí na
    bhFlaitheas.

WANDERING THE MOUNTAINSIDE

I am wandering the mountainside all night long and grieving
From Malaidh na Gaoithe to the top of Mín na Craoibhe,
Since last night you left me — oh most unhappy chance —
My life is barer than this mountainous expanse.

You tormented and distressed me and left me in the lurch,
Nought before and nought behind me but mountain and my
    search,
Nothing before me now or ever but night's abyss, this dark
For you were the one bright spot in the midnight of my heart.

I'd offer my possessions and all of Heaven too
To be stretched between my loved one and the world of taboo.
O lovely head and body, I'd prefer one single sight
Of you this night than Heaven, than everlasting light.